Jonathan Byron's
DIE WELT IN 60 MINUTEN

ANGELA TRONI

MÄNNER VERSTEHEN
in 60 Minuten

Inhalt

Intro 7

Alles eine Typfrage. 10

Beziehungssprache, schwere Sprache 28

Wege aus der Kommunikationsfalle. 36

Schnupfen mit Todesfolge 40

Zuviel Gefühl. 45

Fein gemacht! – Die Kunst zu loben 53

Kompetenzgerangel 58

Der Jäger als Sammler 62

Kritikpunkte. 66

So nah und doch so fern –
Nähe und Distanz 71

Alles zu seiner Zeit. 88

Ordnung ist das halbe Leben 100

War was? Konfliktbewältigung
für Fortgeschrittene 105

Intro

Würde man die Zeit zusammenrechnen, die Frauen auf der ganzen Welt mit ihren besten Freundinnen am Telefon verbringen, um das Verhalten von Männern zu analysieren und zu enträtseln – das Ergebnis wäre erschreckend.

Mal abgesehen von dem Geld für die Telefonrechnungen, von dem sich eine ganze Nation bei Armani und Co. neu einkleiden könnte, verstreichen da Abermillionen an Stunden. An wertvollen Stunden, in denen die Frauen die Welt retten, ihr Make-up erneuern, sich um eine ordentliche Rentenversicherung kümmern, das Einparken erlernen, sich zur ersten Präsidentin von Amerika wählen lassen, sämtliche 138 existierenden Rezepte für Apfelkuchen ausprobieren oder endlich ernsthaft versuchen könnten, die Männer besser zu verstehen. Statt dessen verwenden sie die Zeit darauf, zu diskutieren, warum ER nicht anruft, wieso ER selbst auf die 27. SMS nicht antwortet, weshalb ER beim Thema Heiraten und Kinder immer gleich grün im Gesicht wird und vom Thema ablenkt, wie ER dieses und jenes schon wieder gemeint hat, warum IHM Fußball wichtiger ist als die Beziehung, wieso IHN das benutzte Geschirr auf der Küchenablage nicht stört und – vor allem – weshalb ER um Himmels willen NICHT REDEN WILL.

Tja, da heißt es immer, Männer seien simpel, und dennoch ist offenbar nichts schwerer für eine Frau, als zu verstehen, was in einem Mann vorgeht.

Warum ist das so?

Ganze Heerscharen von Experten, seien es Linguisten, Psychologen, Kommunikationswissenschaftler, Analytiker, Journalisten und ehemalige Taxifahrer, haben sich mit dieser Frage schon beschäftigt und Bibliotheken voll Bücher über den sogenannten Geschlechterkampf geschrieben.

Dabei ist die Antwort so einfach: Männer sind anders. Frauen auch. So lautet nicht nur der Titel eines der erfolgreichsten Beziehungsratgeber aller Zeiten, sondern auch eine Tatsache, die inzwischen jedem Mann und jeder Frau bekannt ist. Dennoch gerät diese ebenso einfache wie einleuchtende Tatsache allzuoft in Vergessenheit, wenn es mal wieder nicht klappt mit der Kommunikation zwischen Männlein und Weiblein. Männer denken und handeln nun mal anders als Frauen. So lange Frauen jedoch nicht davon abzubringen sind, das Verhalten von Männern aus ihrem Blickwinkel und mit ihrer Herangehensweise zu betrachten, werden sie das andere Geschlecht niemals verstehen.

Selbstverständlich ist jeder Mensch und damit auch jeder Mann einzigartig, und man darf sie nicht alle über einen Kamm scheren, auch wenn die Behauptung »Männer sind Schweine« es inzwischen sogar als Songtitel in die Hitparade geschafft hat. Dennoch gibt es eine ganze Reihe von Eigenschaften und Eigenheiten, die auf die meisten Männer zutreffen und die leichter zu handhaben sind, als so manche Frau denkt – wenn sie nur weiß, wie.

In einem Punkt sind sich die beiden Geschlechter jedoch absolut einig: Das Thema ist und bleibt ein Dauerbrenner, und es wird auch in hundert Jahren noch genügend Konflikt- und damit Zündstoff zwischen Mann und Frau geben.

Alles eine Typfrage

Kennst du einen, kennst du alle!« Diesen Satz hat sicher schon so manche enttäuschte Frau mit Tränen in den Augen ausgesprochen, wenn wieder mal eine Beziehung mit einem typischen »Schuft« unschön zu Ende gegangen ist. Doch dem ist nicht so: Die Spezies Mann zeichnet sich durch eine erstaunliche Artenvielfalt aus, die bei genauerer Betrachtung so manche Überraschung bereithält. Hier nun ein kurzer Überblick über die gängigsten Typen und ihre hervorstechenden Eigenschaften, was keinesfalls heißen soll, daß es nicht noch unzählige weitere gibt, etwa Überväter, Muttersöhnchen, Kavaliere, Ehrgeizlinge, Stadtneurotiker, Proleten, Landeier, Karrieristen, Familienväter, Gurus, väterliche Freunde, Neurotiker, Choleriker, Kontrolleure, Intellektuelle, Versager, Haustyrannen, Kämpfer, Verklemmte, Professoren, Sexbesessene, Latin Lover, Angsthasen, Bindungsunwillige, Entertainer, Eifersüchtige, Schwätzer, Hobbyhandwerker, Alleskönner, Scharlatane, Heiratsschwindler, Suchtgefährdete, Herdentriebgesteuerte, Fernsehsportler, Vereinsmeier, Stammtischbrüder, Unterwürfige, Unterdrücker, Bestimmer, Sauberkeitsfanatiker …

Der Geck

Dem Geck ist zweierlei wichtig. Zum einen nutzt er bei jeder sich bietenden Gelegenheit die Gunst der Stunde zur Selbstdarstellung und schreckt auch nicht davor zurück, auf Kosten anderer gut dazustehen. Das bedeutet unter Umständen schon mal, daß er in geselliger Runde Anekdoten oder Kalauer zum Besten gibt, die seine Partnerin nicht gerade im günstigsten Licht erscheinen lassen. Keine Rücksicht auf Verluste, lautet daher seine Devise.

Zum anderen zeichnet sich der Geck durch seine extreme Fixierung auf Äußerlichkeiten aus, weshalb ihm ein gepflegtes Äußeres inklusive hochwertiger Kleidung ungemein wichtig ist.

Dies spiegelt sich auch bei der Partnerwahl des Gecks wider, da ihm Figur, Frisur und optischer

Ersteindruck bei einer Frau grundsätzlich wichtiger sind als eventuell vorhandene innere Werte. Gerne zeigt der Geck seine Partnerin her und ist auch selbst stolz auf seine äußere Erscheinung. Er gibt insgesamt mehr Geld für Pflegeprodukte, Friseurtermine und Kleidung aus als für sein Auto (das ihm dennoch ebenfalls einiges wert ist) und sieht stets aus wie aus dem Ei gepellt.

Im Umgang mit diesem Typus Mann ist vor allem zu beachten, daß er viel, viel Aufmerksamkeit und Zuwendung braucht. Wer einem Geck das Gefühl gibt, anerkannt, geliebt und im Mittelpunkt zu sein, der wird ein leichtes Spiel mit ihm haben. Nur streitig machen darf man ihm seine Sonderstellung nicht, dann wird's schwierig und häufig auch unangenehm.

Der Macho

Der patriarchalisch geprägte Macho gilt als der männlichste unter allen Männern. Er besitzt noch ein sehr klar definiertes Bild von männlicher und weiblicher Geschlechterrolle, die sich in für ihn typischen Sätzen wie »Frauen gehören an den Herd« oder »Der Mann verdient das Geld, also sagt er auch, wo es langgeht« äußert. Obwohl der insgesamt konservativ denkende Macho heutzutage meist negative Assoziationen weckt, ist er dennoch unverändert beliebt und weckt in der Frau einen Instinkt, der sie unweigerlich zu ihm hintreibt. War früher der klassische Macho im Idealfall ein Südländer, der dank seines unübersehbaren Imponier- und Flirtgehabes sowie seiner offenkundigen Eitelkeit schon zehn Kilometer gegen den Wind unzweifelhaft zu identifizieren war, so weiß er sich heutzutage oft geschickt zu tarnen und entpuppt sein wahres Ich erst nach genauerer Inaugenscheinnahme.

Grundsätzlich hat der typische Macho eine mittel- bis extrem schwere Allergie gegen Dienstleistungen aller Art, worunter unter anderem Gefälligkeiten, Hausarbeiten und alle Dinge fallen, die auch eine Frau erledigen kann. Dafür versteht er es, seine Partnerin im rechten Licht zu präsentieren und ihr in Gesellschaft das Gefühl zu geben, sie sei etwas ganz Besonderes. Kein Wunder, schließlich hat ER sie ausgewählt. Intelligenzquotient, Eloquenz und das Vermögen, eigenständig Entscheidungen zu treffen, sind für ihn bei der Partnerwahl eher zweitrangig, vielmehr kommt es auch ihm auf die äußeren Merkmale der Auserwählten an: sexy Figur, süßer Schmollmund, ansehnliche Oberweite und ähnliches.

Nicht ganz zu Unrecht sagt man ihm eine gewisse Neigung zu prestigeträchtigen Statussymbolen und typisch männlichen Ritualen im Kräftemessen nach. Des weiteren zeichnet er sich durch eine gewisse Grundverachtung sowie einen extrem überheblichen und herablassenden Umgangston gegenüber Frauen aus, der an Unhöflichkeit kaum zu überbieten ist. Dieses Verhalten resultiert aus seinem festen und unerschütterlichen Glauben an den Überlegenheitsanspruch des männlichen Geschlechts, der ihm quasi per Geburt eingepflanzt wird.

Der Frauenversteher

Der typische Frauenversteher, gerne auch leicht abwertend oder ironisch »Softie« genannt, gilt insgesamt als unmännlich, da er überwiegend denkt und handelt wie eine Frau, also typisch weibliche Eigenschaften besitzt. In der Regel kann er gut zuhören, sich in sein Gegenüber und dessen Denkweise hineinversetzen und verfügt über ein hohes Maß an Empathie. Abgesehen davon sind »Zugeständnis« und »Kompromiss« keine Fremdwörter für ihn, und er muß seine Interessen nicht um jeden Preis durchsetzen. Unter Männern ist der Softie nicht sonderlich angesehen, da er als zu weich und nachgiebig gilt. Das Problem des gemeinen Softies besteht darin, daß er paradoxerweise auch bei Frauen nicht sonderlich beliebt ist und sein Verhalten kaum belohnt wird.

Sosehr sich eine jede Frau wünscht, ihr Mann könne sie verstehen, so wenig will sie an ihrer Seite einen Mann, der als unmännlich gilt. Im Grunde kann es ein Softie einer Frau genausowenig recht machen wie jeder andere Typus, nur büßt er auch noch seinen Sexappeal ein. Schade eigentlich!

Der Obercoole

Hierbei handelt es sich um einen besonders schwierigen Gesellen, denn der Typ »Obercooler« versteht es meisterhaft, seine wahren Gedanken und vor allem Gefühle zu verbergen. Mit nahezu perfektem Pokerface mimt er den Unbeteiligten und beobachtet die anderen, ohne auch nur eine Miene zu verziehen. Wer an ihn rankommen will, der hat sich wirklich Großes, wenn nicht gar Unmögliches vorgenommen.

Der Obercoole würde lieber sterben oder ein Leben lang alleine sein, als auch nur einmal einen Fehler einzugestehen oder zuzugeben, daß ihn etwas berührt hat oder ihm ein Erlebnis nahegegangen ist. Er verschanzt sich lieber hinter seiner Fassade, um seinem Gegenüber ja keine Angriffsfläche zu bieten und möglichst souverän zu wirken. Allerdings steckt selten wahre Souveränität, sondern vielmehr große Unsicherheit dahinter, und wer das erst einmal erkannt hat, der hat zumindest eine kleine Chance, den Obercoolen aus der Reserve zu locken.

Das alles heißt natürlich nicht, daß der Obercoole nicht zu Gefühlen fähig ist, doch wird es nur selten vorkommen, daß er sich einem anderen Menschen wirklich öffnet und es zuläßt, daß jemand merkt, wie es hinter der Fassade aussieht. Schwierig wird es daher vor allem in emotionalen Situationen, wenn man den Fehler begeht, diese gespielte Gefühlskälte für bare Münze zu nehmen.

Der Witzbold

Der hierzulande verbreitete Witzbold versteckt sich im Grunde seines Herzens ebenso hinter einer Fassade wie der Typ → Obercool. Allerdings braucht man bei ihm in aller Regel eine Weile, bis man sein Tarnmanöver durchschaut. Auf den ersten Blick wirkt der gemeine Witzbold nämlich sehr unterhaltend, offen und zugänglich. Daß sich dahinter allerdings nichts weiter als eine Masche verbirgt, hinter der er seine wahren Gefühle versteckt, bemerkt man erst, wenn man ihn eine Weile beobachtet.

Auch wenn der Witzbold einen gewissen (positiv zu bewertenden) Hang zur Selbstironie hat und es grundsätzlich nicht sein Ziel ist, andere vorzuführen oder sich auf ihre Kosten zu amüsieren, so ist es dennoch leichter, einen Pudding an die Wand zu nageln, als einen Mann dieses Typs zu einer konkreten Aussage zu bewegen.

Wer schon mal versucht hat, mit einem Witzbold über ein ernstes, womöglich ihn direkt betreffendes Thema zu reden oder gar Zukunftspläne zu schmieden, der kommt daher schnell an seine Grenzen. Der Witzbold kann sich bei Bedarf nämlich winden wie ein Aal und versteht es nahezu perfekt, sich aus jeder für ihn unangenehmen Situation zu lavieren, ohne daß sein Gegenüber ihn gleich durchschaut. Und genau das ist das Fatale: Ein Witzbold wird gerne mal unterschätzt – und genau das weiß er sich zunutze zu machen.

Der Weinkenner

Genaugenommen ist Weinkenner nur ein Euphemismus für »Angeber«. Jedenfalls ist dieser Typus Mann ganz besonders von sich überzeugt, sein Selbstbewußtsein läßt sich sogar von einem Erdbeben der Stärke 8,7 nicht erschüttern, und die den meisten Männern angeborene Neigung zur grenzenlosen Selbstüberschätzung ist bei ihm besonders stark ausgeprägt. Das äußert sich in aller Regel dergestalt, daß der Weinkenner sein Wissen gerne im Gespräch einfließen läßt und auch nicht damit hinterm Berg hält, daß andere Menschen ihm und seinem Wissensstand eher nicht gewachsen sind.

Im Gegensatz zum → Macho setzt der Weinkenner nicht auf Statussymbole, sondern verläßt sich auf seinen Intellekt und seine mentale Überlegenheit, weswegen er auf den ersten Blick häufig beeindruckt. Eines ist zumindest unbestreitbar: Der Weinkenner baut in aller Regel auf sein solides Fundament und würde sich niemals auf einem Gebiet aus dem Fenster lehnen, das er nicht tatsächlich beherrscht. Somit kann schon mal ausgeschlossen werden, daß es sich um einen Schaumschläger handelt, der viel behauptet, aber nichts vermag.

Der Hypochonder

Bekanntlich steckt in jedem Mann ein Hypochonder, lediglich über den Grad der Ausprägung läßt sich streiten. Wer schon mal mit einem kranken Mann im selben Raum war, der weiß, was Leiden heißt. Der Hypochonder versäumt es grundsätzlich nicht, in regelmäßigen, häufig sehr kurzen Abständen auf die Unerträglichkeit seiner Schmerzen hinzuweisen. Dabei bedient er sich mit Vorliebe des Stilmittels der Übertreibung, was er selbstverständlich niemals, auch nicht unter Androhung noch größerer Schmerzen, zugeben würde. Dabei wünscht sich der Hypochonder im Grunde seines Herzens nur eines: nein, nicht daß seine Schmerzen nachlassen, sondern Auf-merk-sam-keit.

Wer das verinnerlicht hat, dem wird der Umgang mit einem Hypochonder nicht schwerfallen, denn im Grunde muß man sich nur an eines halten: Wenn man ihm zuhört, ihn gebührend bemitleidet und bedauert, ihm Trost zuspricht – ihn also in den Mittelpunkt des Universums stellt –, bestehen bessere Heilungschancen als mit den besten Medikamenten, welche die Pharmaindustrie zu bieten hat.

Der harte Hund

Was ein echter harter Hund ist, der kennt keinen Schmerz – ganz im Gegensatz zum

→ Hypochonder. Dem harten Hund ist kein Berg zu steil, kein Zementsack zu schwer, kein Ziel zu weit und keine Aufgabe zu vertrackt, um sie nicht irgendwie bewältigen zu können. Der harte Hund mutet sich gerne mal mehr zu, als er verkraften kann (sowohl emotional als auch körperlich), dennoch würde er das niemals zugeben – falls er es überhaupt bemerkt. Leider ist er nicht nur sich selbst, sondern häufig auch seinen Mitmenschen gegenüber sehr unerbittlich. Jammern, Schwächeln oder gar Aufgeben ist undenkbar und wird weder toleriert noch akzeptiert. Ausreden sind bei ihm völlig zwecklos, da im Grunde keine Entschuldigung vor seinem strengen Selbstanspruch Bestand hat. Ein harter Hund wird in jeder Situation die Zähne zusammenbeißen und bringt Angefangenes unter allen Umständen zu Ende.

Im Umgang ist der harte Hund daher nicht leicht, und es bedarf gelegentlich eines besonders dicken Fells, wenn man mit ihm kritische Situationen meistern will. Er nimmt nämlich ganz gewiß kein Blatt vor den Mund und hält mit seiner Meinung oder seinem harten Urteil grundsätzlich nicht hinter dem Berg. Einstecken können, lautet daher die Devise, und der große Vorteil dabei ist: Man kann ruhig auch austeilen.

Superman

Der gemeine Superman ist ein echtes Allroundtalent und damit im Grunde unschlagbar. Egal ob es darum geht, ein weinendes Kind zu trösten, einen Herd anzuschließen, das Bad neu zu kacheln, den Rasen zu mähen, das Amt des Schulelternsprechers zu übernehmen, ein Dreigängemenü zu zaubern oder im Job ein schwieriges Projekt souverän zu schaukeln – Mr. Superman gelingt einfach alles.

Gelegentlich kann er einem schon Angst einjagen, denn bei allem ist er in der Regel auch noch ungemein freundlich zu jedermann und bietet, wann immer Not am Mann ist, seine kompetente Hilfe an. Alles in allem ist der Superman zu schön, um wahr zu sein, und er genieß nicht umsonst wahren Seltenheitswert. Wer eines der seltenen Exemplare erwischt, sollte es daher gut festhalten.

Der Aufreißer

Vor dem Aufreißer ist keine Frau sicher. Egal ob blond oder braun, hübsch oder unhübsch, groß oder klein – er gräbt alles an, was bei drei nicht aus der Schußlinie ist. Allerdings ist zwischen dem gemeinen (eher schlichten) Aufreißer und dem gekonnten Charmeur zu unterscheiden. Letzterer versteht es, mit den richtigen Bemerkungen und kleinen Komplimenten sowie seiner Körpersprache und dem gezielt eingesetzten unwiderstehlichen Lächeln jede Frau um den kleinen Finger zu wickeln. Wenn er einen guten Tag hat, dann fühlt sich selbst ein häßliches Entlein in seiner Gegenwart wie ein schöner Schwan. Der Charmeur flirtet einfach gerne und genießt die Selbstbestätigung, die er aus den Reaktionen auf seine Anmache zieht. Der gemeine Aufreißer dagegen ist in erster Linie auf Sex aus und scheut selbst vor den peinlichsten Anmachsprüchen nicht zurück wie »Ich hab meine Handynummer verloren. Bekomme ich nun deine?« Oder: »Dein Vater muß ein Dieb sein, denn er hat dem Himmel die Sterne geklaut und sie in deinen Augen versteckt.« Oder gar: »Glaubst du an

Liebe auf den ersten Blick, oder muß ich noch mal an dir vorbeigehen?«

Das Sport-As

Als Sport-As wird ein Mann meist nicht geboren, vielmehr entwickeln die meisten sich im Laufe der Jahre dazu. Der entscheidende Wendepunkt im Leben eines Mannes, der ihn zum Sport-As mutieren läßt, ist oft die erste Midlife Crisis oder das erste Klassentreffen nach fünfzehn Jahren. Sport in Maßen kommt grundsätzlich nicht in Frage; wer seiner Bandscheibe etwas Gutes tun will, trainiert am besten gleich für den Iron Man, und der Joggingtrainer lohnt sich nur dann, wenn er einen für den nächsten Marathon fit macht. Frei nach dem Motto »Viel hilft viel« wird gesportelt, bis die Kniescheibe Aua schreit. Dann ist es oft zu spät und das Sport-As mutiert in Minutenschnelle zum → Hypochonder.

Letztlich ist klar, daß auch ein Sport-As seine Aktivitäten unter anderem, um nicht zu sagen vorwiegend, als Flucht vor den großen und kleinen Problemen des Alltags nutzt. Selbstverständlich dient der Sport auch als Ausgleich, doch muß man beispielsweise beim Joggen für eine gute Stunde mit niemandem reden, keine schwierigen Fangfragen beantworten und im besten Fall überhaupt nicht (nach)denken. Was will Mann mehr?

Der Schweiger

Diese Spezies ist die mit am häufigsten verbreitete, was letzten Endes daran liegt, daß in jedem Mann die Veranlagung zum Schweiger steckt. Auch hier gilt: Es ist letztlich eine Frage der Ausprägung. Mit dem Schweiger hat die Frau oft besondere Schwierigkeiten, da ihr Wesen es ihr leider nicht erlaubt, sich in diesen Typus hineinzuversetzen. Anstatt die Tatsache zu akzeptieren, daß das männliche und das weibliche Kommunikationsverhalten ungefähr so weit auseinanderliegen wie Mars und Venus, legen Frauen immer wieder weibliche Maßstäbe an, denen der Schweiger niemals genügen kann.

Er zieht sich nun mal gerne zurück, macht Probleme so lange mit sich aus, bis er eine Lösung präsentieren kann, die selbst vor dem kritischsten aller Kritiker Bestand hat, und sieht Reden nicht als eine Möglichkeit der Lösungsfindung an. Der Schweiger meint es selten böse oder agiert gar mit Vorsatz, er kann vielmehr schlicht nicht aus seiner Haut, da sein Mitteilungsbedürfnis grundsätzlich nicht sonderlich ausgeprägt ist.

Aufgrund seines Hangs zu Präzision und Effizienz redet er nur das Nötigste und taut höchstens mal in Gesellschaft auf, um die eine oder andere Anekdote zum Besten zu geben. In den eigenen vier Wänden fehlt ihm schlicht das Publikum, weshalb es aus besagten Effizienzgründen für ihn nicht sinnvoll ist, unnötig Energie durch allzu eloquente Einlagen zu verschwenden.

Mr. Tausend Prozent

Ein penibler Mann, der alles, was er anpackt, tausendprozentig korrekt erledigt, kann eine wahre Landplage, aber auch ein Segen sein. Wenn es darum geht, Reparaturarbeiten zu erledigen, die Familienfinanzen erfolgreich zu verwalten, die Urlaubsplanung zu übernehmen oder den Rasen englisch zu trimmen, ist alles in bester Ordnung.

Doch spätestens wenn Mr. Tausend Prozent mit weiß behandschuhten Fingern über die polierten Möbel fährt, um deren Staubgehalt zu überprüfen, oder wenn er der Göttergattin mit spitzem Bleistift vorrechnet, daß die von ihr getätigten Ausgaben für Kleidung, Schuhe und Kosmetika das dafür vorgesehene Budget um exakt 73,89 Prozent überschreiten, wird es leicht kritisch.

Wer nun allzu vorschnell harte Worte der Verurteilung auf den Lippen hat, dem sei gesagt: Ähnlich wie der → Schweiger kann auch ein Perfektionist nur schwer aus seiner Haut. Er meint es keinesfalls böse, sondern versucht lediglich, so korrekt wie möglich durchs Leben zu gehen. In der Regel ist das durchaus zeit- und nervenschonend, denn er würde weder das Familienbudget durch Geschwindigkeitsüberschreitungen beim Autofahren belasten, noch ist er unpünktlich oder fängt ständig Dinge an, die er nicht zu Ende macht. Außerdem steht er jederzeit zu seinem Wort, ändert seine Meinung nicht mit dem Wetter und hat, wenn man ihn richtig zu nehmen und einzusetzen weiß, durchaus seine Vorzüge.

Beziehungssprache, schwere Sprache

Männer reden nicht nur unbestritten seltener und insgesamt weniger als Frauen, sondern kommunizieren in aller Regel auch direkt und kommen möglichst schnell auf den Punkt. Frauen dagegen reden nicht nur gern und vor allem viel, sondern gelten auch als Meisterinnen der indirekten Kommunikation. Indem sie ihre Wünsche, Fragen und Bitten nur in den seltensten Fällen klar und deutlich, sondern meist mit Hilfe von Mimik und Gestik äußern, fordern sie es geradezu heraus, daß der Mann an ihrer Seite regelmäßig mit beiden Füßen ins Fettnäpfchen springt.

Auch wenn die Frauen es nur gut meinen, etwa weil sie ihr Gegenüber nicht verletzen oder ihm nicht zu nahe treten wollen, weil sie für Harmonie sorgen wollen oder weil sie schlicht davon ausgehen, daß sie und ihr jeweiliger Gesprächspartner auf derselben Ebene kommunizieren – das Ganze hat meist verheerende Folgen. Selbst wenn das im Gespräch mit anderen Frauen in 99 Prozent aller Fälle reibungslos funktionieren mag – sobald Mann und Frau miteinander reden, wird es ungleich komplizierter. Nicht wenige Beziehungsstreits enden damit, daß einer dem anderen ein entnervtes »Du willst mich wohl nicht verstehen« oder »Nie hörst du mir zu« an den Kopf wirft.

Macht man sich nun einmal bewußt, daß Frauen gerne durch die Blume und daher überwiegend auf der Gefühls- und Beziehungsebene, Männer dagegen in erster Linie auf der Sachebene kommunizieren und auch nicht dazu neigen, zwischen den Zeilen zu lesen oder sogenannte Metamitteilungen zu interpretieren, wird schnell klar, warum das nicht funktionieren kann.

Hilfe, es zieht! – Wie Mißverständnisse entstehen

Nehmen wir mal den Superklassiker der fehlgeschlagenen Kommunikation: Mann und Frau sitzen im Zug, das Fenster ist offen.

Sie reibt sich beide Oberarme und sagt: »Es zieht aber ganz schön.« Woraufhin er erwidert: »Stimmt.« Woraufhin sie beleidigt ist, daß er das Fenster nicht zugemacht hat. Woraufhin er wütend wird und die Welt nicht mehr versteht, weil sie ihm doch gar nicht gesagt hat, daß er das Fenster schließen soll.

Das Geschilderte läßt Schlimmes ahnen: Mann und Frau verstehen einander einfach nicht. Ganz so dramatisch ist es zum Glück nicht, doch es gibt tatsächlich unendlich viele Situationen zwischen Mann und Frau, in denen es – völlig unnötig – zu Mißverständnissen kommt. Da wäre zum Beispiel das erste Date, bei dem er zum Abschied den berühmt-berüchtigten Satz »Ich ruf dich an« sagt und sie sich erst wundert und später die Augen ausweint, weil sie nie wieder etwas von ihm hört. Oder die Frage aller Fragen, bei der ein jeder Mann am liebsten sofort Reißaus nehmen würde, weil er mit der Antwort garantiert danebenliegt – egal was er sagt: »Findest du, ich bin zu dick?« Oder gar der Vorschlag von weiblicher Seite: »Wir könnten mal wieder in Urlaub fahren«, den kein Mann der Welt als konkrete Aufforderung zur Buchung auffassen würde.

Zurück zu der Szene im Zug: Anstatt den Mann konkret darum zu bitten, das Fenster zu schließen, hat die Frau sozusagen verbal und mit Hilfe ihrer Geste »um die Ecke kommuniziert«, ohne es jedoch zu merken. Und genau das ist das Fatale daran. Für die Frau impliziert ihre Bemerkung, daß es ziehe, nämlich die Bitte an den Mann, tätig zu werden. Sie geht einfach davon aus, daß der Mann auf derselben Ebene kommuniziert wie sie, und die eindeutige Aufforderung, das Fenster zu schließen, womöglich als unhöflich erachtet hätte. Sie will nett sein und erwartet dafür von ihm, daß er sich in sie hineinversetzt. Er soll ihrer Aussage und ihrer Geste entnehmen, daß sie friert, und Abhilfe schaffen.

Er dagegen, völlig ahnungslos, stimmt ihr zu, erntet dafür einen Rüffel und fühlt sich vor den Kopf gestoßen. Dabei hat er aus seiner Sicht alles richtig gemacht. Selbstverständlich hätte er das Fenster sofort geschlossen, wenn die Frau ihn darum gebeten hätte, und er hätte die Aufforderung weder als zu direkt noch als unhöflich oder sonstwie unverständlich erachtet.

Keinem von beiden kann man in den geschilderten Situationen die alleinige Schuld zuschieben, denn ein jeder hat die Situation oder vielmehr das Verhalten und die Erwartungen des anderen an den eigenen gemessen und damit falsch eingeschätzt.

Heute so und morgen so

Daß Männer der indirekten Kommunikation nicht mächtig seien, ist schlicht und ergreifend eine Lüge. Sie verstehen es vielmehr, ihre Mitmenschen geschickt zu täuschen und sie in dem Glauben zu lassen, sie verstünden diese Art der Kommunikation nicht. Dabei sind sie nur so gewieft, das Mittel genau dann einzusetzen, wenn sie es brauchen.

Nehmen wir mal die Situation, daß ein Mann eine Frau ein paarmal getroffen hat. Sie hat sich in ihn verliebt, er findet sie ganz nett und amüsant. Bevor er ihr nun reinen Wein einschenkt und ihr sagt, daß es mit ihnen ganz sicher nichts wird, macht er liebe gute Miene zum bösen Spiel, trifft sich weiter mit ihr und geht, wenn es sich denn anbietet, auch mit ihr ins Bett. Allerdings meldet er sich nie von selbst, sondern reagiert immer nur auf ihre Annäherungsversuche. Mit der Pistole auf der Brust gibt er dann plötzlich zu, daß er ihr nichts habe sagen wollen, um ihre Gefühle nicht zu verletzen, und sich gedacht habe, daß sie es früher oder später schon von selbst merke. Außerdem sei der Sex doch ganz nett gewesen ...

Dabei weiß der Mann von heute durchaus die hohe Kunst der indirekten Kommunikation zu seinem Vorteil einzusetzen. Männliche Bedürfnisse machen eben erfinderisch. Und daß Männer Phantasie haben, ist ja wohl unbestritten.

Wie man einen Mann zum Reden bringt

Vorab muß hier mal eines klargestellt werden: Jeder Mann kann reden – wenn er will. Nur will er leider so selten. Fühlt er sich wohl und dreht sich das Gespräch um ein Thema, in dem er sich zu Hause fühlt, hat er sozusagen ein rhetorisches Heimspiel, dann kann sogar so mancher Vertreter dieser Spezies plappern wie ein Wasserfall. Wenn's um Fußball geht, kann er stundenlang reden, soll er dagegen die gemeinsame Zukunft planen, wird er plötzlich stumm wie ein Fisch.

Geht es dagegen um weniger geschätzte Kommunikationsthemen oder gar Gefühle, Beziehungen oder einfach nur den Informationsaustausch mit der mehr oder weniger geliebten Ehefrau nach Feierabend, erinnert sich der Mann von heute blitzschnell seiner genetischen Wurzeln und verfällt in traditionsbewährtes Schweigen. Das hat sich schließlich schon so oft bewährt ... Und bevor er sich aufgrund einer falschen Antwort, etwa auf die ebenso beliebten wie gefährlichen weiblichen Fragen – »Liebst du mich noch?«, »Bist du mir eigentlich treu?« oder »Wie sehe ich aus?« – in eine unschöne Diskussion, auch Beziehungsstreit genannt, verwickeln läßt, tut der Mann gerne so, als wäre er mit voller Wucht auf den Mund gefallen und hätte sich dabei die Zunge abgebissen. Will heißen: Er sagt lieber mal nichts. Schließlich hat sich schon so mancher um Kopf und Kragen oder auf direktem Weg in eine teure Scheidung geredet.

Alles in allem gilt jedoch inzwischen als akzeptiert und allgemein anerkannt: Männer sind von Natur aus keine Gesprächstalente und das Bedürfnis, sich etwas von der Seele reden zu müssen, ist ihnen mehr als fremd. Fakt – und mehrfach erforscht – ist außerdem die Tatsache, daß im männlichen Gehirn andere Regionen für die Sprachfunktion zuständig sind als im weiblichen. Das erklärt ja wohl alles, oder?

Wege aus der Kommunikationsfalle

Es gibt im Bereich der zwischenmenschlichen Kommunikation bestimmte Dinge, die sollte eine Frau von einem Mann am besten gar nicht erwarten, wenn sie nicht enttäuscht werden will. Dazu gehört vor allem zweierlei:

Egal ob es nun am Aufbau ihres Gehirns, an ihrem Genpool oder an ihrer mangelnden Vorstellungskraft liegt: Männer sind mit hypothetischen Fragen in aller Regel überfordert. Frauen können stundenlang mit ihrer besten Freundin zusammensitzen und das Was-wäre-wenn-Spiel miteinander spielen. Sie malen sich die Zukunft, den nächsten Urlaub oder den Lebensabend in wärmeren Gefilden in den schillerndsten Farben aus und werden nicht müde, sich selbst die absurdesten Situationen bis ins letzte Detail vorzustellen.

Bei Männern funktioniert das nicht. Wann immer es darum geht, über etwas zu reden, was erst in der Zukunft stattfinden soll, wird es schwierig. Fragen wie »Wenn wir jetzt zwei Kinder hätten und du ein Jobangebot aus dem Ausland bekämst, was würdest du dann machen?« oder »Wenn wir erst das Haus in der Toskana haben, können wir den Winter immer in Italien verbringen«. Männer lassen sich auf solche Phantasiespielchen nicht ein, sondern antworten zumeist: »Welches Jobangebot aus dem Ausland?« oder »Wir haben doch gar kein Haus in der Toskana« oder dergleichen.

Das ist nicht mal böse gemeint – ihnen fehlt an diesem Punkt schlicht das Vorstellungsvermögen. Man darf eben nicht von der bei Männern besonders gut ausgeprägten Fähigkeit, räumlich denken zu können, automatisch darauf schließen, daß dies auch für Zukunftsvisionen gilt – schließlich sind diese nicht dreidimensional.

Abgesehen davon sind die meisten Männer von der weiblichen Kommunikation schlicht überfordert, denn wenn im Stakkato die Sätze aus den feingeschwungenen Lippen hervorperlen wie eine sprudelnde Quelle, kann der Mann oft nur mit Schweigen antworten, weil er die siebenundvierzig Gesprächsthemen in sieben Zeilen gar nicht auf einmal aufzunehmen vermag: »Schatz, wir müssen dringend mal wieder den leckeren Käse kaufen, den wir neulich mal hatten, in der Schweiz soll es ja jetzt ein phantastisches neues Hotel geben, das haben die Bergers gestern beim Tennis noch erzählt, hast du eigentlich gesehen, was die Fischer wieder anhatte, dieser Rock war doch gemeingefährlich, wieso kannst du eigentlich nie deine Tasche ausräumen, wenn du vom Sport nach Hause kommst, und die Waschmaschine hast du auch noch nicht repariert.«

Was soll er auf diese Suada sagen? Spätestens nach dem dritten Satz macht das männliche Gehirn einfach dicht, und die Informationen kommen beim Empfänger nicht mehr an. Deshalb ist es dringend anzuraten, in kurzen, ganzen Sätzen zu sprechen, wenn man möchte, daß der Mann die geäußerten Informationen auch abspeichert.

Männer beschränken sich nun mal gerne auf den Austausch von Fakten und versuchen daher auch, stets die Fakten aus dem Gesagten herauszufiltern. Frauen dagegen wollen durch Kommunikation etwas für die zwischenmenschliche Beziehung tun und teilen hauptsächlich Befindlichkeiten mit. In den Augen des Mannes kostet das nicht nur Nerven, sondern vor allem eines: wertvolle Zeit. Zeit, die er nicht hat, weil er noch schnell die Reifen wechseln, den Artikel über seinen Lieblingsfußballverein lesen oder einfach nur dasitzen und vor sich hinstarren muß.

Entsprechend kurz fallen daher seine Antworten aus, was keinesfalls persönlich genommen werden darf, da es lediglich der Notwendigkeit geschuldet ist, das Tagewerk noch zu vollenden.

Schnupfen
mit Todesfolge

Ein kranker Mann ist das Schlimmste, was einem passieren kann. Bekanntlich haben alle Männer dieser Erde eine gewisse Veranlagung zur Hypochondrie. Wie stark diese ausgeprägt ist, hängt ganz von der persönlichen Veranlagung, außerdem von Erziehung, Leidensfähigkeit und Schmerzempfinden (grundsätzlich leicht übersteigert) ab. Meist wird schon der leichteste Schnupfen zur lebensgefährlichen Grippe stilisiert und ein Seitenstechen als Herzrhythmusstörung eingeordnet.

Liegt der Göttergemahl erst danieder, kann man nicht genug Trost in Form von liebevollen Worten spenden, Tee kochen und – ganz wichtig – Liebe und Aufmerksamkeit schenken. Er tut, als ging's zu Ende mit ihm, und wehe man nimmt ihn nicht ernst. Dann ist das männliche

Ego gleich mit gekränkt – und dagegen gibt es nach wie vor keine Medizin.

Während eine Frau mit vierzig Grad Fieber immer noch voll einsatzfähig ist, will heißen das Frühstück macht, die Kinder zur Schule bringt, bevor sie zur Arbeit fährt, nebenbei den Urlaub bucht, die Wäsche aus der Reinigung holt und ein Geburtstagsgeschenk für Tante Ulla besorgt, verfällt er bei einer erhöhten Temperatur von 36,8 statt 36,7 in eine Art Schocklähmung, die es ihm gerade mal ermöglicht, die Tasse Fenchel-Kümmel-Anistee mit zitternder Hand an die Lippen zu führen, die Fernbedienung zu gebrauchen und die *Auto Motor Sport* durchzublättern. »Ganz oder gar nicht« lautet das Motto, »tot oder lebendig«, dazwischen gibt's nichts.

Treffen sich zwei Männer, um sich über ihre Krankheiten auszutauschen, sollten weibliche Wesen schleunigst die Flucht ergreifen, sofern sie keinen Lach- oder Wutanfall in Kauf nehmen wollen. Vor allem ein Punkt trifft häufig nicht nur auf Unverständnis bei den Frauen, sondern auch einen wunden Punkt: Wenn es darum geht, ihre

Leiden und Schmerzen haarklein zu schildern, können Männer nämlich plötzlich reden.

Selbstverständlich hat der knapp dem Tod entronnene männliche Kranke keine Kraft, um die üblichen Arbeiten zu erledigen, und will auch sonst mit Alltagsproblemen nicht belästigt werden, das samstägliche Basketballtraining muß er deswegen jedoch noch lange nicht ausfallen lassen. Wem das unlogisch erscheinen mag, der muß eine Frau sein. Jedenfalls besitzt derjenige nicht genügend Einblick in männliche Prioritätensetzung. Das sieht nämlich folgendermaßen aus: Ein kranker Mann verzichtet nicht auf Dinge, die ihm Spaß machen. Die sind nämlich Medizin und helfen beim Gesundwerden.

Das Kuriose an der Sache ist für die meisten Frauen, daß der Mann dennoch äußerst ungern zum Arzt geht. Wahrscheinlich hat das damit zu tun, daß ein einsamer Wolf sich nun mal in die Höhle zurückzieht, um alleine zu sterben. Wenn schon, denn schon. Aber auch allein beim Gedanken an einen Krankenhausaufenthalt wird er blaß und muß reanimiert werden – möglichst nicht im

Krankenhaus. Wenn man mal genauer darüber nachdenkt, ist dieses Verhalten jedoch absolut logisch: Der Mann als solcher gesteht sich nun mal nicht gerne ein, daß es da womöglich etwas gibt, was nicht funktioniert. Hilflosigkeit und das Gefühl, einem Arzt ausgeliefert zu sein, behagen ihm nicht. Da bekämpft er die Krankheit lieber mit der Methode Leiden & Jammern. Oder er stürmt die nächstbeste Apotheke, kauft alles, was ohne Rezept zu haben ist, und beschreitet den Weg der Selbstmedikation. Aufs Geld kommt es dabei weniger an, schließlich geht es hier um die eigene Gesundheit.

Dabei ist auffällig, daß Männer lieber im nachhinein (übrigens lautstarke) Schadensbegrenzung betreiben als sich rechtzeitig um die angemessene Vorsorge zu kümmern. So ignorieren die meisten Männer beispielsweise die Krebsvorsorge – als sei sie bereits das Krebsgeschwür, und der Gang zum Arzt zur Routinekontrolle erscheint ihnen schizophren: Arztpraxen sind in ihren Augen für Notfälle gedacht, und nicht um den Stuhl im Wartezimmer unnötig warm zu halten. Letztlich steckt die dem Mann angeborene Angst vor Kontrollverlust dahinter, manchmal ist es aber auch nur die Angst vor dem Rat des Arztes, der da heißen könnte: Essen Sie nicht so fett, rauchen Sie nicht so viel, trinken Sie weniger und bewegen Sie sich mehr! Wer will so was schon hören?

Zuviel Gefühl

Männer können keine Gefühle zeigen, heißt es landauf, landab, und in der Tat würde so mancher Mann lieber eine Tüte Heuschrecken essen oder sich den großen Zeh abhacken lassen, als offen und ehrlich zu dem zu stehen, was er tief im Innern empfindet. Am liebsten verstecken Männer ihre Emotionen, vor allem die negativen oder Trauer, hinter einer Maske und üben sich im Sprücheklopfen, um ja nichts Persönliches erzählen zu müssen. Gefühle zu offenbaren gilt unter den Herren der Schöpfung nach wie vor als Schwäche und unmännlich. Die meisten Männer weinen nun mal heimlich, und das aus einem einfachen Grund: weil ihnen seit Jahrhunderten anerzogen wurde, daß man sich für Tränen zu schämen hat. Und weil Weinen Mädchen vorbehalten ist.

Natürlich sind heutzutage Sätze wie »Ein Indianer kennt keinen Schmerz« oder »Ein Junge weint aber nicht« in der Erziehung mehr als verpönt, dennoch muß man den großen Jungs zugute halten, daß sie Zeit brauchen, um dieses Muster zu durchbrechen.

Schultern sind zum Draufklopfen da, nicht zum Ausweinen

Alles in allem sind die Männer derzeit auf einem guten Weg, schließlich werden positive Gefühle wie Freude, Stolz und Euphorie durchaus inzwischen öffentlich geäußert. Man denke nur an einen freudestrahlenden Sportler, der bei Olympia die Goldmedaille erkämpft hat und gerührt der Nationalhymne lauscht, einen stolzen Brautvater, dessen Stimme beim Toast auf das glückliche Paar zu zittern beginnt, oder einen überglücklichen Politiker, der nach einer gewonnenen Wahl auf seine Frau zustürmt und sie vor aller Augen überschwenglich küßt.

Grundsätzlich gilt: Wenn's was zu feiern gibt, ist der Mann sich selbstverständlich nicht zu schade, seinen Gefühlen freien Lauf zu lassen. Da wird gelacht und gejubelt und gehüpft und getrunken und gesungen und umarmt und gestrahlt und sich gegenseitig auf die Schulter geklopft, bis der Ellbogen schmerzt. Geht es jedoch um Trauer, Angst, Wut oder Kummer, rät der männliche Instinkt: Ab in die einsame Höhle und ja nicht dabei erwischen lassen! Zwar weiß der moderne Mann, daß er negative Emotionen ungestraft (will heißen ohne soziale Ächtung oder Spott) zulassen und sie auch äußern darf, und dennoch gelingt es ihm nur selten.

Beziehungsarbeit, Gefühle ergründen, Ängste betrachten – das alles geht nach wie vor so gut wie gar nicht. So groß und laut manch ein Mann im Job ist, so klein mit Hut und leise, wenn nicht gar stumm, wird er, wenn er zugeben soll, daß er sich unwohl gefühlt oder gar gefürchtet hat. Bevor er sich damit auseinandersetzt, versteckt er sich lieber hinter der Zeitung oder macht Überstunden, geht Fußball spielen oder beendet im Extremfall auch schon mal eine Beziehung. So manche Überstunde im Büro hat also keinesfalls etwas mit einer Geliebten zu tun, sondern kann schlicht und ergreifend von einer wachsenden Unlust zeugen, nach Hause zu kommen und über Gefühle reden zu müssen.

Schwäche – wie buchstabiert man das?

Neben der Tatsache, daß die meisten Männer Angst davor haben, als unmännlich dazustehen oder gar Mitleid zu erregen, gibt es ein weiteres großes Problem bei der Sache mit den Gefühlen. Die Zahl derer, die nicht in der Lage sind, ihre Schwächen sich selbst gegenüber einzugestehen, ist nämlich nach wie vor extrem groß. Männer geben sich gerne unbeeindruckt und täuschen mit Vorliebe Gleichmut vor, selbst wenn es sie innerlich fast zerreißt. Das impliziert, daß viele Männer ihrer Umwelt gegenüber unter allen Umständen das Gesicht zu wahren versuchen und nur in absoluten Notsituationen – oder solchen, in denen es gesellschaftlich anerkannt oder sogar erwartet wird, etwa dem Tod der geliebten Mutter oder dem Abstieg des Lieblingsfußballvereins in die Tiefen der Zweiten Bundesliga – Gefühle zeigen.

Natürlich ist auch ein Mann mal traurig, verzweifelt oder niedergeschlagen – rein theoretisch zumindest. Praktisch unternimmt er jedoch alles, um diese Tatsache unter keinen Umständen wahrhaben zu müssen, was bedeutet, daß er sie entweder verdrängt oder ignoriert oder beides gleichzeitig tut. Im Ignorieren hat der Mann es tatsächlich zu einer erstaunlichen Perfektion gebracht, die ihn vor dem Schlimmsten schützt, was ihm so passieren kann, nämlich Trost und vor allem (man kann es nicht oft genug erwähnen) Mitleid. Warum das so ist? Ganz einfach: Männer wollen nicht getröstet und schon gar nicht bemitleidet, sondern nur beneidet und bewundert werden. Sei es für die attraktive, deutlich jüngere Frau an ihrer Seite, den gelungenen Millionen-Deal, den neuen Ferrari oder ihre Fähigkeit, in jeder Situation HERR der Dinge zu sein und ja keine Schwäche zu zeigen oder gar eine Niederlage einzugestehen. Kapiert?

Bitte keine Fragen!

Natürlich kostet es jeden Mann ein gehöriges Maß an Kraft, Energie und Phantasie, um diese Maske dauerhaft aufrechtzuerhalten, aber Coolness geht nun mal über alles – auch in einer Beziehung. Nur leider sind die Partnerinnen von dieser hart erkämpften äußerlichen Gelassenheit in der Regel alles andere als begeistert. Vielmehr stößt die typisch männliche Gefühlsverschleierungstaktik bei den meisten Frauen immer wieder auf Unverständnis, Verärgerung und in nicht seltenen Fällen sogar Verzweiflung. Das liegt vor allem an zweierlei. Statt den immensen Aufwand zu schätzen, den er beim erfolgreichen Verdrängen investiert, machen die Damen es ihrem Partner oft zusätzlich schwer, indem sie Lunte riechen, sich nicht blenden lassen und zu allem Übel auch noch zielsicher in der Wunde bohren. Als besorgtes Nachhaken verstehen es die einen, als ungerechtfertigtes In-die-Ecke-Drängen oder polizeiverhörähnliche Befragung kommt es bei den anderen an. Wen wundert es da noch, daß es kracht?

Nehmen wir einmal an, es ist ein Samstagabend im August, und zwei sich liebende Menschen sitzen nach einem erfüllten Tag, an dem er ihr mit seinem Kiteboard ausgiebig etwas vorgesurft und ihr anschließend beim Eiskaffee in der Strandbar noch ausgiebiger die Weltpolitik erklärt hat, auf der Terrasse ihres Feriendomizils. Vor sich einen Bordeaux mit 96 Parker-Punkten, haben sie sich zusammengekuschelt und lassen den Tag Revue passieren. Er schwelgt stumm in seinen Heldentaten, während ein stolzes Lächeln seine Lippen umspielt, und fühlt sich großartig. Und was tut sie? Stellt Fragen. Unangenehme Fragen. Und erwartet allen Ernstes auch noch eine Antwort darauf. Was denkst du gerade? Was empfindest du für mich? Wie sehr liebst du mich? Wieviel bedeute ich dir? Wovor hast du Angst? Traust du mir nicht?

Auf diese und ähnliche Sätze reagieren neunzig Prozent aller Männer gleich: Sie machen zu wie eine Auster und ergreifen auf dem schnellsten Weg die Flucht. In den allermeisten Fällen erreicht eine Frau mit solchen Fragen gar nichts – schon gar nicht das, was sie wollte. Sie denkt, indem sie den Mann ein bißchen kitzelt, wird er früher oder später schon aus der Reserve kommen, und verkennt dabei, daß sie ihm schier Unzumutbares zumutet: nämlich seine Fassade zum Einstürzen zu bringen. Und das kann beim besten Willen nicht gutgehen.

Wenn man einen Mann zum Reden – über Gefühle gar – bringen will, muß man vielmehr ein Umfeld schaffen, in dem er sich wohlfühlt. Schließlich sind Männer extrem sensibel, vor allem hinsichtlich ihrer eigenen Befindlichkeiten, auch wenn sie das natürlich niemals zugeben würden. Er darf also weder das gefürchtete Mitleid noch andere Gefahren wittern, muß zudem jederzeit den Eindruck haben, der (freiwillig!) agierende Part zu sein, und darf zu nichts gezwungen werden. Dann – und nur dann – besteht eine reelle Chance, daß er »aufmacht« und sein Innenleben offenbart. Eine Garantie gibt es indes nicht, aber wofür gibt es die heutzutage schon?

Eines noch zum Schluß: Natürlich läßt sich aus dem zartbesaiteten Wesen des Mannes keine grundsätzliche Sensibilität gegenüber den Gefühlen anderer, vornehmlich Frauen, ableiten. Das wäre nun wahrlich zuviel verlangt. Die meisten Herren können nun mal leider auch mit den Gefühlen anderer nur schwer umgehen, weshalb eine Frau deutlich besser fährt, wenn sie sich von ihrer besten Freundin trösten und die Tränen trocknen läßt, als darauf zu hoffen, daß er ihr seine starke Schulter zum Ausweinen anbietet. Ausnahmen bestätigen selbstverständlich die Regel, sofern man das seltene Glück hat, einer zu begegnen.

Fein gemacht! – Die Kunst zu loben

Im Grunde ist die Sache doch ganz einfach: Männer wollen für ihr Leben gern gelobt werden, und wer sich daran hält, hat kein Problem mit ihnen. Schluß, aus, fertig!

Na ja, wenn es wirklich so wäre, dann wäre das Kapitel an dieser Stelle schon zu Ende, und das wäre ja auch nicht schön. Ganz so simpel ist es also nicht, dennoch ist unbestritten, daß Männer, wo sie gehen und stehen, Bestätigung brauchen. Warum das so ist? Ganz einfach: Weil das männliche Ego von Natur aus förmlich danach dürstet.

Jedenfalls sollte die lobende Person keinerlei Hemmungen an den Tag legen und selbst vor absolut peinlichen Sätzen wie »Echt toll, daß du die Getränkekisten die drei Stufen zur Wohnung hochgetragen hast!« oder »Wow, deine Penne all'arrabiata von Bertolli schmecken wie in Italien!« keinesfalls zurückschrecken. Ein gewisser Hang zur Beschönigung und positiven Übertreibung ist ebenfalls förderlich, und auch von der Angst, die Lobeshymne könnte fast schon einen ironischen Beigeschmack haben, sollte man sich freimachen. In dem Punkt sind Männer ausnahmsweise mal gar nicht sensibel.

Dennoch müssen es nicht immer die ganz großen Worte sein, oft reicht selbst die kleinste Anerkennung in Form eines bewundernden Blicks aus, um einen Mann glücklich zu machen. Nichts ist für einen Mann schlimmer, als für eine erbrachte Leistung (manchmal auch nur für seine pure Anwesenheit, aber das Thema grenzenlose Selbstüberschätzung wird an anderer Stelle behandelt) nicht genügend Wertschätzung zu erfahren.

Wer dagegen (auch ungerechtfertigten) spontanen Begeisterungsanfällen eher ablehnend gegenübersteht, mit Lob so knauserig umgeht wie mit seiner letzten Spende an »Brot für die Welt« oder sich anerkennende Worte ausschließlich für die ganz besonderen Fälle (er hat das höchste Gebäude der Welt erbaut etc.) vorbehält, der wird es schwer haben. Und wer gar öfter Kritik äußert als Bewunderung, sollte dringend umdenken.

Lob gebührt dem Manne übrigens unabhängig von der Länge und Quantität der erbrachten Leistung. Wenn ein Paar beispielsweise gemeinsam ein Grillfest plant und die Frau von der Einladung der Gäste über den Einkauf, die Zubereitung von Salaten und das Marinieren von Grillgut bis hin zur Kinderbetreuung, musikalischen Untermalung, zum Decken des Tisches und des Kaltstellens der Getränke so gut wie alles übernommen hat, heißt das noch lange nicht, daß er für das Entfachen des Grills nicht mindestens dieselbe Anerkennung erwartet und diese auch lautstark einfordert. Er weiß eben, was er kann.

Wie du mir, so ich dir

So gerne Männer gelobt werden, so schwer fällt es ihnen, anderen Menschen nette Dinge zu sagen. Wobei gilt: Je weniger nah sie jemandem stehen, desto eher rutscht ihnen schon mal ein Lob oder Kompliment heraus, was letztlich nichts anderes heißt, als daß die eigene Ehefrau da leicht zu kurz kommen kann. Aber was soll's? Der Blumenstrauß von der Tankstelle wird es schon wieder richten.

Wenn ein Mann eine Frau wirklich liebt – und gelegentlich auch nur, wenn er seine Ruhe haben will, aber das ist eher die Ausnahme –, macht er ihr sehr wohl Komplimente und hat auch kein Problem damit, sie aus lauter Liebe anzulügen. »Doch, doch, Schatz. Du kannst hervorragend einparken. Was kannst du schon dazu, wenn der Laternenpfahl so blöd am Straßenrand steht«, kommt ihm mit einer Leichtigkeit über die Lippen, über die man nur sprachlos staunen kann.

Der Bumerangeffekt

Lob und Tadel liegen oft dicht beieinander, und wer einen Mann (im schlimmsten Fall öffentlich) in seine Schranken weist, der sollte sich darüber im klaren sein, was er in der sensiblen Seele damit auslöst. Der arme Kerl, der es in aller Regel nur gut gemeint hat, fühlt sich wie ein beim Naschen ertapptes Kind. Um das Donnerwetter möglichst schnell vorbeiziehen zu sehen, verzichtet er auf Widerworte und/oder Erklärungen, nimmt die Schuld auf sich und geht. Derweil denkt er an was Schönes und wartet, bis die dunklen Wolken sich wieder verzogen haben. Laß die mal reden, murmelt er innerlich und macht die Schotten dicht, versinkt in Schweigen, versteckt sich hinter seinem Schutzpanzer.

Das Fatale an weiblichen Zurechtweisungen und Tiraden ist, daß sie nahezu wirkungslos bleiben, vor allem, je häufiger sie wiederholt werden. Sie hat mal wieder ihre »fünf Minuten« und spinnt rum, denkt sich der Mann dann achselzuckend und ist nicht der Meinung, auch nur ein Wort davon ernst nehmen zu müssen. Warum auch?

Kompetenzgerangel

Sie alle kennen sicher eine Frau, die das Leben voll und ganz im Griff hat. Im Job beweist sie Verantwortungsbewußtsein und Durchsetzungsvermögen, hat einen großen Freundeskreis, ist viel und gerne unterwegs, macht regelmäßig Sport, hat ihre Wohnung kürzlich in Eigenregie renoviert, und wenn ihr Auto stehenbleibt, wirft sie erst mal selbst einen Blick unter die Motorhaube, bevor sie den ADAC ruft. Alles ist in bester Ordnung, nur mit dem Mann fürs Leben will es nicht so richtig klappen. Sie lernt beim Ausgehen und im Beruf zwar regelmäßig interessante Männer kennen, und manch einer ist anfangs auch interessiert, doch spätestens nach dem zweiten Treffen verschwindet der jeweilige Kandidat mit mehr oder minder fadenscheinigen – und manchmal auch ganz ohne – Ausreden. Wie kommt das?

Nun ja. Frauen, die alles selbst können und machen und nicht um Hilfe fragen, geben Männern häufig das Gefühl, minderwertig zu sein und nicht gebraucht zu werden. Das hat nicht selten ein mittel- bis sehr schweres Rollenproblem zur Folge, was in der schlimmsten Ausprägung beim Mann zu Depressionen oder sofortiger Fluchtergreifung führen kann.

Allzu selbstsichere Frauen verunsichern Männer, schließlich hätten sie auch im Privatleben gerne einen Bereich, in dem sie mal sagen können, wo es langgeht, und wenn es nur der Weg zum Starnberger See ist. Doch dafür gibt es inzwischen Navigationsgeräte, und die Felder, auf denen Mann sich profilieren kann, werden immer weniger.

Auf alle Fälle läßt sich bei den Herren der Schöpfung eine gewisse Angst vor mächtigen Frauen ausmachen, was daran liegt, daß sie nicht wissen, wie sie mit den erfolgreichen, unabhängigen Konkurrentinnen umgehen sollen. Das gilt allerdings weniger für den Job, denn dort wissen die Männer durchaus, wie der Hase läuft, kennen die Spielregeln und fühlen sich auf ihrem Terrain sicher, sondern vielmehr fürs Privatleben.

Neben der Angst, daß die Frau an seiner Seite ihn durch ihre Scharfzüngigkeit oder Intelligenz vor seinen Freunden oder gar Geschäftskollegen bloßstellen könnte, möchte sich auch kein Mann dieser Welt seine eigenen Unfähigkeit vor Augen führen lassen.

Daher bergen sämtliche Situationen, in denen eine Frau dem Mann überlegen ist, hohes Konfliktpotential. Etwa wenn er drei Monate nach dem Umzug in die erste gemeinsame Wohnung die Bilder und Vorhangstangen immer noch nicht aufgehängt hat. Oder wenn von der Decke nach wie vor nackte Glühbirnen baumeln, weil er – *entre nous* – gar nicht mit Bohrer und Schraubenzieher umgehen kann. Wenn sie nun seine Ausrede, er habe einfach keine Zeit angesichts des Stresses im Büro, nicht akzeptiert, und anstatt einen Handwerker zu beauftragen, kurzerhand selbst Hand anlegt – noch dazu mit einem zufriedenstellenden Ergebnis –, dann mögen hinterher vielleicht die Bilder gerade hängen, der Haussegen dagegen hängt garantiert schief. Schließlich beschämt es ihn zutiefst, wenn sie ihm so deutlich demonstriert, daß sie ihm wirklich in allen Belangen überlegen und er im Grunde nicht nur unfähig, sondern eigentlich auch überflüssig ist. Das Ergebnis: Sie ist zwar emanzipiert, aber er ist dauerhaft beleidigt. Und vielleicht wäre in dem Fall die Handwerkerrechnung doch der geringere Einsatz gewesen?

Der Jäger als Sammler

Ein Mann ist ständig auf der Jagd. Sei es nach jungen Frauen, nach dem größten Auto, dem schnellsten Laptop, dem breitesten Breitwandfernseher, dem besten Jahrgangswein oder einfach nur seiner verlorenen Jugend. Letzteres äußert sich vor allem durch das Jagen nach jungen Frauen, dem größten Auto, dem schnellsten Laptop, dem breitesten Breitwandfernseher oder dem besten Jahrgangswein. Wichtig ist dabei vor allem der Marktwert der Trophäe, da sie automatisch das Ansehen des Besitzers steigert. Wer dies einmal verstanden hat, der wundert sich auch nicht mehr, wenn die Trophäe bei sinkender Attraktivität ohne zu zögern ausgetauscht und durch ein neueres, im Neidfaktor deutlich höheres Modell ausgetauscht wird. Daß dies für Autos, Laptops und Co. genauso gilt wie für Frauen, ist eine Tatsache, mit welcher der weibliche Teil der Bevölkerung schlicht leben lernen muß.

Aufgrund ihrer angeborenen Sammelleidenschaft haben Männer außerdem ein gewisses Faible für die Lagerung von alten Hobbyausrüstungen, die sie vorzugsweise im Keller, auf dem Speicher oder aber auch hinter der Schlafzimmertür sowie unter dem Bett aufbewahren und konsequent bei jedem Umzug entsprechend umlagern. Aussortieren ist undenkbar, schließlich müßte man dann den Traum von der ewigen Jugend begraben. Abgesehen davon kann zum Beispiel eine Plattensammlung für eine gewisse emotionale Stabilität im Leben eines Mannes sorgen, die nicht unterschätzt werden darf.

Das Kaufverhalten, das bei Frauen gerne mal in einen Schuh- oder Handtaschentick ausartet, findet sich selbstverständlich auch bei Männern, nur ist es bei ihnen hauptsächlich auf den Erwerb von Ersatzkaffeemaschinen, -akkuschraubern, -werkzeug sowie allerlei technischem Gerät und sonstigen Hamsterkäufen aller Art beschränkt. Das sieht im Einzelfall dann so aus: In einem Elektronikkaufhaus sind DVD-Player im Angebot. Zwar besitzt der Mann bereits ein recht neues Gerät, mit dessen Leistung er auch durchaus zufrieden ist, doch das Angebotsprodukt hat eine äußerst interessante Zusatzfunktion, die das im Haus befindliche Gerät nicht besitzt. Da der Preis zudem echten Schnäppchencharakter hat, zögert der Mann nicht lange und greift zu.

Ähnliches gilt übrigens für Lebensmittelkäufe. Da wird gerne mal eine ganze Palette Erdbeerjoghurts mitgenommen, weil sie – oh Wunder! – unglaublich günstige 39 Cent das Stück kosten, ohne daß im Eifer des Gefechts auffällt, daß das Mindesthaltbarkeitsdatum bereits am nächsten Tag ist. Und auch wenn hinterher zwei Drittel der Joghurts in den Müll wandern, sollte dem Mann daraus kein Vorwurf gemacht werden. Immerhin ist der Arme lediglich seinem Jagdinstinkt aufgesessen.

Beim Hemdenkauf erspart just dieser Instinkt dem Mann übrigens jede Menge Zeit – und oft auch Geld. Während eine Frau beim Shoppen in diversen Boutiquen, Kaufhäusern und kleinen Läden nicht nur mehrere Stunden verbringt, sondern dabei auch noch mehrere hundert Kilometer an einem Tag zurücklegt, weil sie von Geschäft zu Geschäft läuft, alles anprobiert, sich nicht entscheiden kann und am Ende doch das kauft, was sie als Erstes anhatte, geht der Mann deutlich effizienter vor: Er betritt das Einkaufszentrum, ohne nach rechts und links zu blicken, steuert sein Lieblingsgeschäft an (das nur deshalb sein Lieblingsgeschäft ist, weil er bisher kein anderes ausprobiert hat), läuft direkt in die Hemdenabteilung, nimmt das ihm passende Modell in drei verschiedenen Farben, bezahlt und hastet wieder hinaus, als wäre der Leibhaftige hinter ihm her. Dabei ist es ihm völlig egal, ob die gekauften Hemden im Laden nebenan fünf Euro billiger gewesen wären oder er im Vorbeigehen auch noch eine passende Hose hätte erstehen können. Hosen standen nämlich nicht auf dem Jagdplan. Was gibt es denn da nicht zu verstehen?

Kritikpunkte

Einer der wesentlichen Unterschiede zwischen Männern und Frauen besteht darin, daß ein Mann seine Partnerin, sofern er sich denn mal für eine Frau an seiner Seite entschieden hat, in den allermeisten Fällen so nimmt, wie sie ist. Wenn er sie nicht toll fände, dann hätte er sie gar nicht erst zu seiner Partnerin gemacht – so einfach ist das.

Egal, welche Macken eine Frau auch hat, ob sie im Restaurant kein Gericht bestellen kann, ohne die Beilagen dreimal auszutauschen und den Kellner mit ihren Sonderwünschen auf Trab zu halten, ob sie grundsätzlich mit Schlafmaske, Wohlfühlsocken und Ohrstöpseln ins Bett geht und selbst im Hochsommer bei geschlossenem Fenster schlafen muß, weil es sonst zieht, oder ob sie den halben Samstag mit ihrer besten Freundin beim Schaufensterbummel mit anschließendem Cafébesuch und ausgiebiger Schnäppchenjagd verbringt, anstatt ihm die versprochene Lasagne zu kochen – die meisten Männer würden ihrer Partnerin aus diesen Gründen niemals eine Szene machen.

Zwar gibt es durchaus auch einige Männer, die offen Kritik üben, vorzugsweise an der Figur oder am Fahrstil ihrer Partnerin, doch kein männliches Wesen auf Gottes Erden käme auf die Idee, seine Frau oder Freundin ständig ändern zu wollen und so lange an ihr herumzunörgeln, bis sie seinem persönlichen Idealbild entspricht. Wie gesagt: In dem Fall hätte er sie gar nicht erst genommen. Vielmehr lieben nicht wenige Männer die Frau an ihrer Seite gerade wegen ihrer Macken, und sollte das Feuer tatsächlich eines Tages erlöschen, dann nehmen sie sich eben einfach eine andere, übrigens meist eine jüngere. Aber Kritik ist aus ihrem Mund mit an Sicherheit grenzender Wahrscheinlichkeit nicht zu hören.

Was du nicht willst, daß man dir tu ...

Dementsprechend irritiert und genervt ist der Mann, wenn die Frau ständig an ihm herummäkelt, etwa weil sein Hemd nicht zur Hose paßt, weil er am Sonntagmorgen beim Frühstück noch nicht rasiert ist, weil er seiner Tochter das falsche Kleidchen angezogen hat, weil er in Gesellschaft schon mal ein Bier zuviel trinkt, weil er neulich die junge Studentin an der Supermarktkasse eine Spur zu lange angelächelt hat, weil er seine Zigarettenkippen auf dem Balkon in die Blumenerde steckt, weil er eine neue Wasserflasche öffnet, ohne vorher nachzusehen, ob im Kühlschrank schon eine angebrochene steht ... So mancher Mann mag sich vorkommen wie im Erziehungscamp, und das nicht zu Unrecht. Dabei wünscht er sich doch nichts weiter, als sein zu dürfen, wie er ist. Etwas, was er seiner Partnerin niemals absprechen würde.

Zuviel Kritik kann leicht kontraproduktiv sein, denn wo ein Wille ist, muß noch lange kein Weg sein. Männer ändern sich nun mal nicht, da kann man als Frau noch so viele gute oder gemeinte Erziehungsversuche starten. Sollten sie es aus irgendwelchen Gründen doch tun, so ist mit an Sicherheit grenzender Wahrscheinlichkeit davon auszugehen, daß sie spätestens im Jahre drei nach der Hochzeit rückfällig werden oder sich als ausgleichende Gerechtigkeit eine Geliebte nehmen.

Die in beharrliche Kritik fehlinvestierte Zeit ist deutlich sinnvoller in übersteigertem Lob und positiver Verstärkung angelegt, denn dies sind eindeutig die besseren Methoden, um zum Ziel zu kommen. Versprochen!

Halten wir also fest, daß Männer im partnerschaftlichen Umgang grundsätzlich ein wenig toleranter sind als Frauen. Leben und leben lassen, lautet die männliche Devise. Mit anderen Worten: Läßt du mich in Ruhe, laß ich dich in Ruhe, und alles ist paletti. Männer stören sich eben nicht so schnell an gewissen Eigenschaften, Ereignissen oder Begebenheiten als Frauen, was damit zu begründen ist, daß sie von Geburt an das Leben (zumindest ihr Privatleben) gelassener nehmen und öfter mal Fünfe gerade sein lassen können.

Ausweichmanöver vom Feinsten

All das soll jedoch nicht darüber hinwegtäuschen, daß es durchaus auch Männer gibt, die einzig und allein deshalb keine Kritik an ihrer Partnerin üben, weil es Streit und Streß zur Folge hat. Die meisten Männer haben schon mal schmerzhaft am eigenen Leib (oder wie sollte man Sexentzug sonst umschreiben?) erfahren, daß eine Frau Kritik an ihrer Person nicht einfach so hinnimmt, sondern in aller Regel zum Gegenschlag ausholt. Und darauf können die Herren der Schöpfung gerne verzichten. Notlügen sind dabei übrigens durchaus gestattet.

Alles in allem handelt es sich bei den allermeisten Kritikpunkten aus männlicher Sicht jedoch um Kleinigkeiten, die es definitiv nicht wert sind, zu streiten. Böse Zungen könnten im Hinblick darauf von Konfliktvermeidung und Bequemlichkeit sprechen oder gar behaupten, es handele sich um eine Art Boykott, um den Gegner zu schwächen. Ein Mann dagegen würde einfach sagen: Man muß Prioritäten setzen.

So nah und doch so fern
– Nähe und Distanz

Wenn man die unterschiedlichen Bedürfnisse von Männern und Frauen betrachtet, was Nähe und Distanz angeht, kommt man spontan zu dem Ergebnis, daß die beiden Geschlechter einfach nicht zueinander passen. Sieht man genauer hin, stellt man fest, daß Männer eindeutig mehr Rückzugsräume brauchen als Frauen und daß man daran tunlichst nichts ändern sollte. Wenn man dies als eine gegebene Tatsache erkannt und akzeptiert hat, kann man zumindest zu hoffen wagen, daß sich Männlein und Weiblein mit viel Einfühlungsvermögen, Geduld und auch einer Portion Glück doch vielleicht zusammenraufen können.

Männerzeit

Männer brauchen ab und zu einfach mal eine Verschnaufpause und ein bißchen

Zeit für sich, Männerzeit sozusagen, die ihnen das Gefühl von uneingeschränkter Freiheit und Unabhängigkeit gibt. Sie verspüren in regelmäßigen Abständen das Bedürfnis, aus der Routine auszubrechen, und müssen dann Dinge tun, die nur Männer tun, auch wenn sie Frauen komplett sinnlos erscheinen mögen, etwa Angeln, Golfspielen, Radfahren, Sportübertragungen ansehen und – ganz wichtig – Schweigen. Außerdem machen Männer viele Dinge mit sich alleine aus, und es liegt ihnen nicht in den Genen, Probleme zu lösen, indem sie darüber reden. Vielmehr ziehen sie sich, sobald es brenzlig wird, schweigend zurück, um darüber nachzudenken oder – was viel häufiger der Fall ist – sich abzulenken.

Diese Reaktion ist absolut urtypisch männlich und höchstwahrscheinlich im Genmaterial programmiert, denn sie wird bei drohender Gefahr automatisch und ohne bewußtes Zutun des Mannes gestartet. Daß ein Mann ab und zu ausweichen und fliehen können muß, daß er sich sozusagen in eine imaginäre Höhle zurückziehen kann, gehört nun mal zu seinem Wesen. Der Versuch vieler Frauen, diese Autopilotfunktion umzuprogrammieren oder gar dauerhaft auszuschalten, ist in aller Regel vergeblich und hat heftige Frustreaktionen zur Folge, die prompt die nächste Fluchtreaktion auslösen. Im Extremfall kann es zu ungewollten Kettenreaktionen beträchtlichen Ausmaßes kommen, die unter Umständen in einer sofortigen Beendigung der jeweiligen Beziehung enden.

Ein Mann kann und will in einer Partnerschaft nicht immer für die geliebte Frau da sein und parat stehen. Er ist daher durchaus sehr froh, wenn seine Partnerin zum Beispiel ausgiebig Shoppen geht und drei Stunden später als vereinbart nach Hause kommt, weil er dann mit gutem Gewissen allein sein und einfach mal nichts tun darf. Das bedeutet keineswegs, daß ihm die Frau, ihr Aussehen, ihr Modebewußtsein und ihre Freundinnen gleichgültig sind und er sich nicht mehr für sie interessiert. Ebensowenig käme er auf die aus seiner Sicht völlig absurde Idee, sich zurückgestoßen oder ungeliebt zu fühlen, weil sie ihn nicht bittet mitzukommen.

Möchte er jedoch mal etwas alleine oder mit Freunden unternehmen, dann will er ganz bestimmt nicht immerzu Rechenschaft darüber ablegen, wo er warum wie lange und mit wem gerade war. Allein der Gedanke, sich gegenüber einer Partnerin ständig für die dringend benötigte Rückzugszeit rechtfertigen zu müssen, widerstrebt den meisten Männern so sehr, daß sie es vorziehen, keine feste Beziehung einzugehen.

Nur wenn die Frauen verstehen, daß der männliche Freiheitsdrang angeboren ist und daher weder abtrainiert noch in (aus weiblicher Sicht) geregelte Bahnen gelenkt werden kann, und nur wenn sie ihn auch tatsächlich respektieren und annehmen, kann die Sache gutgehen. Der wichtigste Punkt dabei ist: Dieses Verhalten hat ganz und gar nichts mit der Frau an seiner Seite zu tun. Daher hier noch einmal zum Mitschreiben: Es bedeutet keinesfalls, daß er sie weniger liebt, nur weil er ab und zu mit ein paar Freunden um die Häuser zieht oder am Wochenende auch mal alleine angeln gehen möchte, anstatt mit Kind und Kegel einen lustigen Familienausflug zu unternehmen.

Im Umkehrschluß heißt das: Will man einen Mann garantiert vertreiben, dann muß man nur versuchen, ihn festzuhalten, zu kontrollieren, an die kurze Leine zu nehmen und über seinen Tagesablauf zu bestimmen.

Gemach, gemach!

Männer lassen es in Beziehungen generell erst mal locker angehen, sie mögen es unverbindlich und lassen sich nicht gerne im vorhinein festlegen. Der Grund liegt auf der Hand: Sie wollen sich alle Optionen offenhalten, sicher auch aus der Angst heraus, es könnte ja noch was Besseres nachkommen – und dann hätten sie das Nachsehen. Die Vorstellung, keiner Frau mehr hinterherschauen und sich fortan nur noch – und vor allem ausschließlich – *einem* weiblichen Wesen exklusiv zuwenden zu dürfen, behagt ihm erst mal ganz und gar nicht.

Abgesehen davon, ist das Leben alleine auch nicht so schlecht, man hat seine Freiheiten: Hemden kann man zum Bügeln weggeben (ist auch gar nicht so teuer), die Putzfrau erledigt den Haushalt, und die Single-Menüs aus dem Supermarkt haben auch beachtlich an Qualität zugenommen. So weit, so gut. Warum sollte sich daher ein gesunder Mann, der alle sieben Sinne beisammen hat, auf einen Deal (auch Partnerschaft oder im Extremfall Ehe genannt) einlassen?

Was ändert sich schon für ihn? Das Geld, das er für Putzfrau und die gebügelten Hemden spart – falls seine Lebensabschnittsgefährtin überhaupt bereit ist, ihm den Haushalt zu führen –, muß er locker für Geschenke, Essenseinladungen und anderen Schnickschnack, etwa Blumen oder Bitte-verzeih-mir-Schmuck ausgeben. Wer sich auf so was einläßt, der kann entweder nicht rechnen oder ist wirklich total verliebt.

Leider können die meisten Männer rechnen, oft sogar sehr gut, und sobald ein Mann auch nur den leisesten Verdacht hegt, er könnte an die Leine gelegt werden, regt sich in ihm der Fluchtinstinkt. Daß Frauen immer gleich alles dingfest machen und die Zukunft planen wollen, kommt dem männlichen Freiheitsdrang nämlich nicht sonderlich entgegen, und sie wittern die Gefahr.

Ich lieb dich doch so sehr

Treueschwüre kommen einem Mann daher in aller Regel eher spät bis gar nicht über die Lippen, und je häufiger man sie von ihm fordert, desto sicherer bleiben sie aus. Je mehr ein Mann zu einer verbindlichen Aussage, sei es ein »Ich liebe dich« oder gar ein Heiratsantrag, gedrängt wird, desto abwehrender und ausweichender reagiert er.

Dabei bedient er sich gerne einer ganzen Palette an kreativen Ausweichmanövern, die von der Behauptung, er müsse jetzt erst mal seine berufliche Karriere unter Dach und Fach bringen und genügend Geld verdienen, um die junge Familie ernähren zu können, über das Argument, man müsse mit einem solchen Freudenfest warten, bis seine Mutter den Tod seines Vaters, der inzwischen zehn und mehr Jahre zurückliegt, verarbeitet habe, bis hin zu wortreichen Erläuterungen reichen, wieso es diesen Sommer leider nicht mehr klappe, und im nächsten auch nicht gleich, aber in dem danach dann ganz bestimmt ... vielleicht.

Der männlichen Phantasie sind dabei so gut wie keine Grenzen gesetzt, denn wenn es darum geht, in Fesseln gelegt zu werden, dann läuft bei jedem Mann der Fluchtmotor auf Hochtouren.

Wie gesagt: Ein Mann braucht nun mal seine Freiheit, was nicht heißen soll, daß er nicht bereit wäre, mit einer Partnerin nicht nur die guten, sondern auch die schlechten Tage zu teilen. Er mag es nur, wenn er selbst entscheiden darf, wann er sich einer Frau in welchem Maße zuwendet und wieviel Aufmerksamkeit er ihr widmet. Sobald sie versucht, über seine Zeit zu bestimmen und ihm vorzuschreiben, wann man sich wie oft zu sehen hat, oder ihm gar Hobbys und/oder Freunde verbieten möchte, schaltet er auf Alarmstufe Rot.

Deshalb tut man einem Mann auch mit der Bekenntnis, man könne (und wolle) ohne ihn nicht mehr leben, alles andere als einen Gefallen. Was der weiblichen Seele als Liebesbekenntnis der besonderen Art schmeichelt, löst beim männlichen Gemüt eher Panikattacken aus.

Nur Geduld

Die Kunst besteht nun darin, einem Mann jederzeit das Gefühl zu geben, er habe sich aus freien Stücken zu diesem oder jenem entschieden oder sei – so der Idealfall – gar selbst auf die Idee gekommen. Niemals sollte man mit konkreten Forderungen an einen Mann herantreten, sondern stets versuchen, ihm das Gewünschte so schmackhaft wie möglich zu machen. Sicher steht das in diametralem Gegensatz dazu, wie Männer kommunizieren, nämlich möglichst direkt und nicht über Umwege oder durch die Hintertür. Aber das sind auch zwei Paar völlig verschiedene Schuhe, und der Zweck heiligt in diesem Fall die Mittel. Und zwar ohne Frage.

Die Kunst besteht außerdem darin, sich in Geduld zu üben. Wer einen Mann vorschnell zu einer Entscheidung oder einer konkreten Aussage bewegen oder gar zwingen möchte, der tut sich selbst keinen Gefallen. Die Wahrscheinlichkeit, daß er die Flucht ergreift, ist sogar mehr als hoch. Wagt sie nach dem ersten Treffen schon, erste Ansprüche anzumelden, verkümmert sie nicht selten wartend neben dem Telefon, obwohl sie zum Abschied ganz deutlich die Worte »Ich melde mich« gehört hat.

Gerade ein Mann, der schon die eine oder andere Enttäuschung hinter sich hat, sieht zunächst einmal keinen Grund, sich gleich an die nächstbeste, wenn auch attraktive, sympathische und intelligente Frau zu binden. Der Preis dafür ist ihm einfach zu hoch. Sobald er also auch nur den geringsten Anflug von Freiheitsberaubung im Sinne von weiblichem Kontrollverhalten spürt, wird er argwöhnisch und bläst zum Rückzug. Lieber nichts wie weg, auch wenn der Köder attraktiv ist, als sich in irgendeinem Netz verfangen, lautet die Devise. Daß ihm dabei auch mal eine wirklich tolle Frau durch die Lappen geht, nimmt der gemeine Mann gerne in Kauf. Ein bißchen Schwund ist eben immer! Außerdem ist eine entgangene Gelegenheit lange nicht so schmerzhaft wie Freiheitsentzug, Erklärungsnot und das dauerhaft schlechte Gewissen, obwohl der Mann nur seine Grundbedürfnisse befriedigen möchte.

Wer diese Verhaltensweise einmal durchschaut hat, der ist in der Lage, das Muster zu durchbrechen. Natürlich könnten die Frauen jetzt argumentieren, wieso sie all den Aufwand betreiben sollen. Die Antwort lautet: Es zwingt sie niemand dazu. Sie können es auch lassen und weiter alleine leben.

Dichtung und Wahrheit

Dem Mann kann grundsätzlich ein natürlicher Hang zur Schauspielerei nachgesagt werden. Dazu braucht er zum einen ein wohlwollendes Publikum, gerne weiblich, zum anderen bevorzugt er die Rolle des Hauptdarstellers. Er setzt sich nun mal gerne in Szene, erzählt ebenso detail- wie pointenreich von erfolgreichen Geschäftsabschlüssen, gefährlichen Dschungelexpeditionen, schwierigen Verhandlungen, ausgiebigen Feierlichkeiten und sonstigen Anlässen aller Art, mit denen sich Aufmerksamkeit und/oder Anerkennung gewinnen lassen. Eine latente Neigung zur Überhöhung und Übertreibung ist übrigens keinesfalls gegen ihn auszulegen, sondern als wichtiges gestalterisches Element zur Spannungssteigerung – und damit als absolut legitim – zu betrachten.

Wenn beispielsweise der Mann an Ihrer Seite bei Ihrem ersten romantischen Treffen eindrucksvoll geschildert hat, wie er mit seinem besten Freund vor Jahr und Tag in einem selbst zusammengeschraubten und eigenhändig restaurierten Triumph TR 4 durch halb Europa getourt ist und sämtliche Autopannen im Nu dank seines unvergleichlichen handwerklichen und technischen Geschicks behoben hat, wenn besagter Mann nun also mit Ihnen auf der Landstraße unterwegs ist und beim Versagen des Motors Ihres Golfs TDI nicht einmal in der Lage ist, die Motorhaube ohne Ihre Hilfe zu öffnen, dann sollten Sie nicht zu streng mit ihm sein. Natürlich liegt hier ein glasklarer Fall von Dichtung (statt Wahrheit) vor, aber das hat er wirklich nur getan, um Sie zu beeindrucken, also aus völlig hehren Motiven!

So war's doch - oder?

Das entspannte Verhältnis des europäischen Mannes zu Dichtung und Wahrheit entspringt nämlich so gut wie niemals einer bösen Absicht oder gar willentlicher Täuschung. Es ist einfach nur so, daß der Mann es versteht, vor allem die Dichtung, oft gemeinhin als »Lüge« bezeichnet, flexibel zu seinem Vorteil einzusetzen. Das hat jetzt – leider – nichts mit irgendwelchen rechten oder linken Gehirnhälften, genetischen Veranlagungen oder sonstigen biomechanischen Prozessen im männlichen Körper zu tun, sondern schlicht und ergreifend mit der Tatsache, daß der Mann an sich und seinen Erfolg und damit auch an die jeweils präsentierte Version seiner Geschichte glaubt.

Daß er sich dazu des einen oder anderen Hilfsmittelchens (etwa eines geliehenen Dreimastsegelbootes, um eine Frau zu beeindrucken, oder Urlaubsfotos von seiner K2-Besteigung, die er sich von seinem besten Freund »geliehen« hat) bedient, ist dabei nur allzu menschlich oder vielmehr männlich. Schließlich kann er sich auf der Flirt-Zielgeraden nicht durch unnötige Erklärungen, die nicht nur jede Menge Zeit und Geld kosten, sondern auch den unmittelbar bevorstehenden Durchbruch gefährden könnten, beirren und aus dem Konzept bringen lassen.

Zur Rede gestellt, kann er sich häufig – und auch das ist nicht vorgetäuscht, sondern tatsächlich so – nicht mehr genau erinnern, was nun wirklich geschah und was er im Eifer des Gefechts *(in dubio pro reo!)* hinzugedichtet hat. In seinem Kopf verschmelzen Fakten und Fiktion zu einer genialen Geschichte, und ehe er es sich versieht, hat er sie auch schon zum Besten gegeben. Die extreme Form des Lügners ist übrigens der Hochstapler, der jedoch ebenfalls nicht pauschal verurteilt werden darf, weil er ja an seine Performance glaubt und daher in aller Regel kein Unrechtsbewußtsein für sein Verhalten zu entwickeln vermag.

Letztlich spricht dieser lockere Umgang mit Dichtung und Wahrheit nur für das männliche Durchsetzungsvermögen und den unbedingten Willen zum Erfolg, mit dem der Mann dieses oder jenes in die Tat umsetzt – und sei es nur, um mit der Aktion seinen eigenen, hoffentlich gut bemuskelten Hintern zu retten.

Sender und Empfänger

Daß die Frauen diese kleineren und größeren Lügen gerne mal in den falschen Hals bekommen und sich dadurch den Appetit verderben lassen – das darf den Herren der Schöpfung nun wahrlich nicht *en passant* in die Schuhe geschoben werden. Selbstverständlich soll hier keinesfalls in Abrede gestellt werden, daß ein Arbeitsloser, der Morgen um Morgen pünktlich mit der Aktentasche aus dem Haus geht und seiner Frau regelmäßig Anekdoten aus dem Büroalltag auftischt, obwohl er sich schon seit drei Monaten Tag für Tag in der Stadt herumtreibt und nicht weiß, wie er die Zeit bis zum erfundenen Feierabend herumbringen soll, den Tatbestand der (je nach Einzelfall mehr oder minder arglistigen) Täuschung erfüllt ist.

Doch wirkt sich die bedingungslose Vertrauensseligkeit des weiblichen Geschlechts durchaus negativ auf die männliche Phantasie und damit den Umgang mit der Wahrheit aus. Dennoch wäre die Behauptung, Männer seien grundsätzlich ein verlogenes Pack, das weder an der Wahrheitsfindung noch an nackten und nicht selten unbequemen Tatsachen auch nur das geringste Interesse hat, so nicht haltbar. Schließlich ist oft der Wunsch Vater des Gedankens, und wer sich so sehr wünscht, daß er ein echter Held – und keiner mit dem unschönen Präfix Pantoffel – ist, der wird auch irgendwann zu einem. Wenn auch nur in seinen Erzählungen.

Am schlimmsten empfinden Frauen die Unwahrheit häufig dann, wenn es um Untreue oder einen Seitensprung in einer Partnerschaft geht. Für einen Mann ist es tatsächlich kein Widerspruch, wenn er seiner Ehefrau sagt, daß er sie noch immer liebe und die Affäre nichts, aber auch gar nichts mit der ehelichen Beziehung zu tun habe, die er übrigens keinesfalls beenden möchte. Er empfindet das nämlich wirklich.

Ähnliches gilt für gewagte finanzielle Geschäfte, welche die Partnerin, womöglich gar zu Recht, kritisch beäugt, wohingegen er argumentiert, er habe den Sieg praktisch schon abonniert und es könne bei der wasserdichten Sache im Grunde gar nichts schiefgehen. Daß dann am Ende meist doch etwas schiefgeht, war nicht vorgesehen – und blieb daher auch meist unerwähnt.

Wer dem Mann hier bösen Willen unterstellt, tut ihm unrecht, vielmehr sollte man bedenken, welche Qualen der Mißerfolg und die Niederlage ihm beibringen, und ihm Mut zusprechen. Das mag jetzt ganz schön viel verlangt sein, aber ist nicht eine der Tugenden des weiblichen Geschlechts die emotionale Intelligenz? Hier wäre sie unter Beweis zu stellen.

Alles zu seiner Zeit

Wenn's um Hausarbeit geht, hat der technisch ach so bewanderte Mann plötzlich keinen Schimmer, wie die Waschmaschine zu bedienen ist. DVD-Player, Multimediakonsolen oder Hightech-PCs mit knapp 150 Seiten Bedienungsanleitung sind kein Problem. Herd und Waschmaschine anschließen gelingt auch noch aus dem Effeff. Doch soll ein Mann letztere auch bedienen, befällt ihn eine plötzliche Amnesie, und er kann Weiß- und Buntwäsche nicht auseinanderhalten.

Bei der Pflege ihrer Autos haben sie hundert Mittelchen in Gebrauch, sie wienern und polieren und saugen, daß es eine wahre Pracht ist. Da können sie sogar Fensterscheiben putzen, zu Hause dagegen geht oft nichts. Daraus kann man schließlich, daß Putzfimmel stets mit dem zu säubernden Objekt zu tun hat und damit, wie hoch das männliche Interesse daran ist.

Das bißchen Haushalt ...

Angeblich sehen Männer Dreck ja nicht so gut wie Frauen, was jetzt aber nicht bedeutet, daß die männliche Hälfte der Bevölkerung dringend zum Augenarzt müßte. Vielmehr handelt es sich hier eindeutig um das Phänomen der selektiven Wahrnehmung (nur bestimmte Dinge werden wahrgenommen, andere dagegen ausgeblendet).

Die meisten Männer beherrschen die selektive Wahrnehmung bis zur Perfektion, und zwar sowohl in optischer als auch akustischer Hinsicht. Was ein Mann nicht hören will, das hört er nicht, und was ein Mann nicht sehen will, das sieht er nicht. So einfach ist das. Die Frühstücksteller vom Morgen stehen noch auf dem Tisch? Kein Problem. Wenn man sie ein bißchen zur Seite schiebt und die Zeitung obendrauf legt, ist zum einen genug Platz für die Pizzateller vom Abend und zum anderen ist nichts mehr zu sehen. Und was man nicht sieht, das ist auch nicht da bzw. schafft auch keinen Handlungsbedarf.

Wenn die Frauen da einfach weniger Ausdauer an den Tag legen oder vielmehr für die Tatsache, daß die selektive Wahrnehmung bei der Überzahl der Mitbürgerinnen dieses Landes weniger gut ausgeprägt ist, kann doch ein Mann nichts. Fakt ist: Er würde die Kaffeetassen ja wegräumen, wenn sie ihn denn stören würden. Nur tun sie das einfach nicht. Oder will hier etwa jemand behaupten, daß die Pizza Funghi mit extra Käse und Knoblauch weniger gut schmeckt, nur weil da noch ein paar Brötchenkrümel vom Frühstück auf dem Tisch liegen? Ein Schelm, wer so was auch nur denkt.

Ein Mann, dessen Bürotag von Terminen und Meetings bestimmt ist, der ständig irgendwelche Ablaufpläne und Timings einhalten muß und der mit Blick auf die Uhr von einer Konferenz zur nächsten hetzt, der möchte sich am Wochenende nicht davon stressen lassen, daß die Küche zu einem bestimmten Zeitpunkt aufgeräumt sein soll. Schon gar nicht, wenn die dem Nervenzusammenbruch nahe Ehefrau oder Lebensgefährtin es ihm mit mahnendem Tonfall aufgetragen hat. Er macht es schon – früher oder später –, wenn er die Zeitung ausgelesen, die Aktienkurse studiert, die Weinflaschen sortiert, wenn er (und das ist das Entscheidende) Lust dazu hat. Wann das sein wird, steht in den Sternen. Frauen fehlt da gelegentlich das Gespür für den richtigen Moment, den es nun mal für alles gibt, auch fürs Aufräumen.

Alles zu seiner Zeit, lautet jedenfalls die Devise, und so geschieht tatsächlich irgendwann – meist wenn keiner mehr damit rechnet – das Wunder, und er schreitet zur Tat. Es ist noch keiner an herumstehenden Kaffeetassen gestorben, wohl aber an Herzinfarkt wegen zuviel Streß.

Im übrigen spräche aus männlicher Sicht auch nichts dagegen, die Kaffeetassen, sollten sie sich am nächsten Morgen immer noch an Ort und Stelle befinden, wieder unter der Zeitung hervorzugraben und einfach erneut zu verwenden. War schließlich nur Kaffee drin und kommt auch wieder Kaffee rein. Wo ist da das Problem? Zumal man dann auch noch Energie und Wasser fürs Spülen gespart hat – in heutigen Zeiten ein schlagkräftiges Argument.

Gleiches gilt übrigens für etwaige Altglas-, Altpapier-, Dosen- und Leergutberge: Wenn man nur einen ausreichend großen Bogen darum macht, fallen sie fast gar nicht auf, und solange der Flur noch begehbar ist, besteht auch kein Handlungsbedarf. Es ist einfach nicht wichtig genug.

Entsprechend unverständig reagiert der Mann daher auch auf etwaige hysterische Anfälle oder Wutausbrüche seiner Partnerin, wenn sie ihm etwa vorwirft, daß sie schon zwei Maschinenladungen Wäsche aufgehängt, die Spülmaschine ausgeräumt, die Fenster geputzt und die Wohnung gesaugt hat, während er im Garten Rasen mähen sollte, wozu es aber nicht gekommen ist, weil er sich kurz auf die Bank gesetzt hat, um die Bedienungsanleitung des Rasenmähers zu lesen, und dabei eingeschlafen ist.

Gleich heißt nicht unbedingt gleich

In diesem Zusammenhang sollte auch kurz auf die Bedeutung von Wörtern wie »gleich« eingegangen werden. Bekanntlich ist »gleich«, ähnlich wie »demnächst«, ein dehnbarer Begriff und bedeutet lediglich, daß ein Mann eine ihm aufgetragene Aufgabe ausführen wird. Wann er das tun wird, steht dagegen nirgendwo geschrieben. Indem er »Gleich« antwortet, hat der Mann seine grundsätzliche Bereitschaft, sich des Problems anzunehmen, signalisiert und damit – aus seiner Sicht – erst mal genug getan. Da die männliche und die weibliche Auffassung von Wörtern wie »gleich« leider nicht ganz deckungsgleich ist, kann es hier immer wieder zu Mißverständnissen und unschönen Streitsituationen kommen.

Wer derlei vermeiden möchte, dem sei dringend geraten, vorab die Begriffsdefinition zu klären. Sonst kann es nämlich leicht passieren, daß der grundsätzlich kooperationsbereite Mann sich mißverstanden fühlt und seine Bereitschaft zur Mitarbeit (noch) weiter sinkt. Der Mann, grundsätzlich wie erwähnt ein sehr sensibles Wesen, versteht die Welt nicht mehr: Da hat er seinen guten Willen gezeigt und sich bereit erklärt, die Sache (irgendwann) zu übernehmen, und wird dennoch gerügt. Das versteht der Mann nicht, da für ihn der Weg das Ziel ist, will heißen: Vor allem der gute Wille zählt. Effizienz in Haushalts- und Privatangelegenheiten darf nicht vorausgesetzt werden, da die vorhandenen Ressourcen meist durch das hohe berufliche Engagement nahezu restlos aufgebraucht sind.

Der Schwiegermutter die Schuld dafür in die Schuhe zu schieben, weil sie dem vergötterten Sohn ein paar Jahre zu lang die Hemden gebügelt, das Essen auf den Tisch gestellt und die Kissen aufgeschüttelt hat, wäre ein bißchen zu einfach. Es ist vielmehr so, daß Männer die Unordnung auch mal Unordnung sein lassen können. Es gibt eben Wichtigeres als ein perfekt aufgeräumter Haushalt. Und wie gesagt: Der Druck ist im Büro oft schon hoch genug, da muß das dreckige Geschirr nicht auch noch für Psychoterror sorgen. Dann blockt der Mann nämlich völlig ab, verläßt den Raum und macht gerne mal die Tür etwas lauter zu.

Erst mal runterkommen

Es ist daher ein hohes Maß an Verständnis nötig und die Bereitschaft, zu loben und sich darauf zu verlassen, daß die Aufgabe auch tatsächlich früher oder später erledigt wird. Sollte es der Partnerin zu langsam gehen oder sie die Geduld verlieren, ist keinesfalls der Mann dafür zur Rechenschaft zu ziehen, sondern der Fehler vielmehr in der mangelnden Geduld zu sehen.

Gleiches gilt übrigens für herumliegende Unterwäsche und Socken, Verpackungen jeder Art, Essensreste auf dem Couchtisch, Zahnpastareste im Waschbecken, überfüllte Mülltüten und ähnliches. Selbstverständlich ist die Liste beliebig erweiterbar, weswegen es häufig kommt, wie es kommen muß:

Während sie nach der Arbeit gestreßt nach Hause kommt, ihre Jacke schnell an die Garderobe hängt, schnurstracks in die Küche geht und hektisch versucht, etwas Leckeres zu kochen, was sowohl ihm als auch den Kindern schmeckt, nebenbei die Tochter Englischvokabeln abfragt, zwischendurch die Legosteine des Jüngsten im Flur wegräumt, sich über den Berg ungebügelte Wäsche auf dem Sofa im Wohnzimmer ärgert, ihr siedendheiß einfällt, daß sie schon wieder vergessen hat, den Vorsorgetermin beim Zahnarzt zu vereinbaren, sie ein schlechtes Gewissen hat, weil ihre beste (kinderlose) Freundin jetzt schon zum dritten Mal angerufen hat, ohne daß sie es schafft, zurückzurufen, und das Gefühl hat, das Ganze läuft aus dem Ruder – währenddessen kommt er ebenfalls gestreßt von der Arbeit nach Hause, steigt über die Legosteine des Jüngsten, streicht der Ältesten liebevoll über den Kopf und sagt »Alles klar?«, wirft das Sakko an die Garderobe, geht schnurstracks an den Kühlschrank und holt sich ein Glas Wiener Würstchen und ein Bier, schiebt im Wohnzimmer die Wäsche auf die Seite, läßt sich aufs Sofa fallen, greift erst mal zur Fernbedienung, ruft ihr zu: »Hast du eigentlich beim Zahnarzt angerufen?« und hat nicht im geringsten das Gefühl, daß irgendwas aus dem Ruder läuft.

So weit, so gut. Auch wenn es da draußen Millionen von Frauen gibt, die jetzt behaupten »Das macht der Kerl doch absichtlich!«, lautet die Antwort: NEIN. Er hat nur (mal wieder) die Ruhe weg. Eines nach dem anderen, lautet seine Devise, und solange er auf dem Sofa noch einen

Platz findet und die Wiener Würstchen nicht ausgehen, ist seine Welt vollkommen in Ordnung. Das hat nicht im geringsten mit bösem Willen oder Gemeinheit oder sonstigen ebenso gerne wie häufig unterstellten Absichten zu tun, sondern entspricht einfach nur der Natur des Mannes. Erst mal runterkommen, dann sehen wir weiter.

Das Problem bei der Hausarbeit ist, daß Frauen in aller Regel klar im Vorteil sind und es so gut wie immer besser wissen oder können. Dadurch rutscht der Mann, dessen Mithilfe im Haushalt heutzutage vorausgesetzt wird, automatisch in die ungeliebte Rolle des Zu- oder Hilfsarbeiters, in der er sich naturgemäß nicht wohlfühlt. Seine natürliche Autorität wird untergraben, er fühlt sich nicht ausreichend wertgeschätzt. Und überhaupt: Zu niederen Arbeiten ist er nicht geboren. Indem die Frau den Mann nun maßregelt, etwa weil er nicht richtig gestaubsaugt oder das Geschirr in ihren Augen unzureichend gespült hat, fühlt er sich wie ein kleiner Junge, der von seiner Mutter gerügt wird, weil er etwas ausgefressen hat. Daß dieses Gefühl automatisch Trotz und damit Widerspruch hervorruft, dürfte nicht weiter verwunderlich sein.

Erschwerend kommt hinzu, daß der Heldenfaktor von Hausarbeit (ebenso wie von Kinderhüten) denkbar gering ist, was bedeutet, daß man damit weder Prestige noch gesellschaftliche Anerkennung erringen kann – und welcher Mann will darauf schon verzichten?

Die Einsatzbereitschaft kann, je nach Aufgabengebiet, stark variieren. So werden beispielsweise Computerprobleme, Installation von Software, Entfernen von Viren, Bohren von Löchern etc. in aller Regel ad hoc erledigt, während Jobs wie Aufräumen oder Spülen in der Prioritätenliste eher die Plätze mit den höheren Zahlen einnehmen. Während die Herren der Schöpfung also beim Schrauben, Tüfteln und Bohren in Sekundenschnelle zur Höchstform auflaufen, können bei der Hausarbeit schon mal mehrere Stunden bis Tage vergehen, ehe der Motor auch nur lauwarm tuckert. Woran das liegt? Ganz einfach: Jeder Mann möchte ein Held sein, und gespülte

Kaffeetassen haben nun mal nicht den gleichen Stellenwert wie eine nach einem Totalabsturz gerettete Festplatte. Mit der lassen sich einfach ungleich mehr Lorbeeren ernten. Wer möchte es dem Mann da verdenken, daß er seine Prioritätenliste den zu erwartenden Faktoren Dankbarkeit und Lob anpaßt?

Ordnung ist das halbe Leben

Auch wenn die Kosmetikindustrie seit Jahren Milliardenbeträge ausgibt, wenn sie die besten Werbeagenturen damit beauftragt, dem Mann von heute die Botschaft zu vermitteln, daß auch er sich hegen und pflegen, cremen und seifen, zupfen und rasieren müsse, wo es nur geht, und auch wenn besagte Kosmetikindustrie damit durchaus beachtlichen Erfolg hat, so ist dem Mann dennoch eine grundsätzliche Neigung zur Liederlichkeit nicht abzusprechen.

Ein Mann ist nur dann ein Mann, wenn er riecht wie Bruce Willis, nachdem er mal wieder als John McClane in *Die Hard* die Welt gerettet hat – oder zumindest wenn er so riecht, als hätte er es getan.

Laut männlicher Logik muß eine Sporttasche nach dem Besuch im Fitneßcenter nicht zwingend ausgepackt werden, um das verschwitzte T-Shirt samt Hose zu lüften. Daß Fenster nicht nur zum Rausschauen, sondern durchaus auch dafür da sind, daß man sie ab und zu öffnet, um frische Luft hereinzulassen, ist nicht als allgemein bekannt vorauszusetzen.

Am mangelnden Geruchssinn kann es nicht liegen, schließlich ist der Mann durchaus in der Lage, den Duft einer guten Zigarre oder eines jahrzehntelang gereiften Whiskeys oder eines verführerischen Frauenparfums mit verbundenen Augen auszumachen.

Was kann es sonst sein?

Ordnung ist nach männlichem Verständnis noch lange nicht gleich Ordnung. Während die Plattensammlung, die Bankunterlagen, das Bücherregal und die *GEO*-Ausgaben streng alphabetisch, nach dem Erscheinungsjahr oder sonst wie, auf jeden Fall aber äußerst penibel geordnet sind, kann es in Küchenschränken, Schubladen, Abstellkammern und im Bad schon mal aussehen, als habe die sprichwörtliche Bombe eingeschlagen. Mann muß eben Prioritäten setzen und kann sich nicht um alles gleichermaßen kümmern, da fallen die unwichtigen Dinge schon mal durch den Rost. Was wichtig und unwichtig ist, darüber sind sich Mann und Frau nur leider nicht einig. Wen stören schon ein paar Zahnpastareste im Waschbecken, wenn die Aktienkurse sortiert werden wollen?

Grund für die anhaltenden Meinungsverschiedenheiten in Sachen Aufräumen, Haushalt und Ästhetik im Wohnbereich sind also die verschiedenen Maßstäbe, die Männer und Frauen an ihre unmittelbare Umgebung anlegen. Es gibt nämlich keinen vernünftigen Grund dafür, daß die Betten allmorgendlich gemacht, die Bücher im Regal von ihrer Staubschicht befreit und die Sofakissen ordentlich drapiert werden sollten, außer daß es den meisten Frauen nun mal wichtig ist. Dafür können doch aber die Männer nichts! Dinge, die ihnen wichtig sind, werden ja durchaus sofort erledigt.

Daß Männer besser in Unordnung leben können als Frauen, ist eine unumstößliche Tatsache, und sofern Genmanipulationen am Menschen nicht in absehbarer Zukunft erlaubt werden, wird sich daran auch nichts ändern.

Ein Mann empfindet die nachhaltige Anweisung zum Aufräumen oder Ordnunghalten als einen empfindlichen Eingriff in seine persönliche Freiheit und fühlt sich in seinem Seelenfrieden gestört. Es stört doch keinen, wenn das Geschirr ein bißchen rumsteht. Die Bundeskanzlerin wird die nächsten Tage nicht unangemeldet zu Besuch kommen, die Welt wird sich weiterdrehen und der Dritte Weltkrieg wird wegen ein paar schmutzigen Kaffeetassen auch nicht gleich ausbrechen. Wo ist also das Problem?

Der kleine Junge

Was für die Frau der *Beauty Case* ist, das ist für den Mann der Werkzeugkoffer. Außerdem Autos, Motoren und Maschinen aller Art, Hobbykeller, Grillen, Eisenbahn.

Manche Männer können sich über nichts so sehr freuen wie über den fünften Geburtstag ihres Sohnes, weil sie dann endlich ihre eigene elektrische Eisenbahn wieder auspacken und damit spielen können, ohne sich vor Gott und – vor allem – der eigenen Ehefrau dafür rechtfertigen zu müssen. Die meisten Männer bleiben zeit ihres Lebens kleine Jungs, nur können viele von ihnen es mehr oder weniger gut verbergen. Und genau deshalb werden Jungs auch immer Jungseigenschaften haben, dafür sorgen schon die Väter, die ihre eigenen Sehnsüchte dann wieder ausleben können und daher das Interesse ihrer Söhne für Bauwagen, Bagger, Maschinen und Co. fördern.

Hang zum Abenteuer, *Bungee Jumping*, mit Bagger in der Grube spielen – sicher allemal besser, als die Spülmaschine auszuräumen oder den Gartenzaun zu flicken. Männer würden es den Frauen ja auch gönnen, wenn sie den Bagger mal steuern wollten, die meisten wollen bloß gar nicht.

War was?
Konfliktbewältigung für Fortgeschrittene

Seit Jahrhunderten hält sich unter Männern hartnäckig das Gerücht, Konflikte und Unstimmigkeiten ließen sich am besten durch Aussitzen aus der Welt schaffen. Aus diesem Grund bewegen sich die Herren der Schöpfung auf diesem Gebiet dank jahrelanger Übung auf einem beachtlichen, konstant hohen Niveau.

Während es Frauen schier nicht aushalten, wenn etwas zwischen ihnen und einem anderen Menschen ungeklärt ist, haben die Männer nicht das geringste Problem damit, sich erfolgreich abzulenken. Sei es durch spontanes Verlassen des Raumes, exzessive Ausübung eines Hobbys, durch Überstunden im Büro, durch Erledigung von seit Jahren liegengebliebenen Arbeiten oder den Gang in die Kneipe um die Ecke. All diese Beispiele zeigen, was bei diesem Verdrängungsprozeß eine maßgebliche Rolle spielt: räumliche Flucht. Ziel ist es dabei, sich so lange mit etwas anderem zu beschäftigen, bis die Wogen sich von selbst geglättet haben und man mit einem lässigen »Schwamm drüber« zur Tagesordnung zurückkehren kann. Grundsätzlich gilt dabei: Wer nicht da ist, kann nicht streiten.

Daß dieser Schuß meistens nach hinten losgeht und sich das Problem nur verschärft, hat sich leider noch nicht bis zum letzten Mann herumgesprochen. Dabei spürt er es oft genug am eigenen Leib. Nach einem Streit haut er einfach ab, woraufhin sie noch mehr Druck ausübt, bis er irgendwann komplett »zumacht«. Daraufhin flippt sie aus, und im Gegenzug hält er sie für hysterisch, fühlt sich gegängelt und darin bestätigt, daß er immer der Gelackmeierte ist, egal was er tut.

Sollten Frauen den Mann allerdings abstrafen wollen, indem sie nicht mit ihm reden, schneiden sie sich nur ins eigene Fleisch, denn sie könnten dem passionierten Schweiger keinen größeren

Gefallen tun. Bleibt also doch nur das älteste aller Mittel: der Sexentzug.

Gewußt, wie!

Um derartige Eskalationen zu vermeiden, ist es gelegentlich hilfreich, wichtige Dinge mehrfach zu kommunizieren, damit sie beim Empfänger auch tatsächlich ankommen. *Merke:* Was nicht grundsätzlich dreimal gesagt wurde, gilt als nicht geäußert und kann im nachhinein nicht eingefordert bzw. zum Vorwurf gemacht werden. Wer dagegen versucht, einen Mann mit der Methode »stummer Schrei« auf herumliegende Gegenstände oder verschmutzte Toiletten aufmerksam zu machen, wird in aller Regel scheitern. Denn das männliche Gehirn bemerkt nur: »Keine Anweisungen/Beschwerden, also offenbar alles in Ordnung«. Verletzte Blicke, geschürzte Lippen und wiederholtes genervtes Stöhnen werden nur selten als Warnhinweise wahrgenommen und meist ignoriert.

Allerdings sollten auch Tadel und Ermahnungen stets nur sehr dosiert und – besonders wichtig – in höflichem, und zwar bestimmtem, aber keinesfalls zickigem Tonfall erfolgen. Denn erschwerend hinzu kommt die Tatsache, daß Männer grundsätzlich gegen jede Art von Erziehungsversuchen höchst allergisch oder gar resistent sind.

Dabei ist es doch nun wirklich so einfach, die Männer zu verstehen!

STAUNEN IM STUNDENTAKT.
ENTDECKEN SIE DIE WELT IN 60 MINUTEN.

Eine Anstiftung zum Denken.
Ein Spaziergang durch die Kultur.
Eine Erfrischung für Geist und Laune.

Gott in 60 Minuten
ISBN 978-3-85179-053-5

Jakobsweg in 60 Minuten
ISBN 978-3-85179-056-6

Weltwunder in 60 Minuten
ISBN 978-3-85179-057-3

Harry Potter in 60 Minuten
ISBN 978-3-85179-059-7

James Bond in 60 Minuten
ISBN 978-3-85179-058-0

Männer verstehen in 60 Minuten
ISBN 978-3-85179-060-3

Keine dicken Wälzer.
Keine umständlichen Einführungen.
Keine Langeweile.
Ein Thema, ein Griff, eine Stunde Lektüregenuß.

Bücher für die Lust, etwas Neues zu erfahren.

Ein geheimnisvoller Brief.
Ein amouröses Verwirrspiel.
Eine Geschichte, zum Verlieben schön.

Als der Galerist Jean-Luc Champollion eines Morgens den Liebesbrief einer Unbekannten in der Post findet, ahnt er noch nicht, daß sein wohltemperiertes Leben von jetzt an völlig auf den Kopf gestellt werden soll. Denn bald schon hat Jean-Luc nur noch ein Ziel: Er will die kapriziöse Unbekannte finden, die sich „Principessa" nennt und die verführerischsten Briefe der Welt schreibt.

Doch wer ist diese Frau, die ihn mit zarter Hand und spitzer Feder, mit rätselhaften Hinweisen und einem provokantem Gemälde durch eine turbulente Liebesgeschichte lenkt, die eigentlich zu schön ist, um nicht wahr zu sein?

Nicolas Barreau
Du findest mich am Ende der Welt
Roman
Gebunden mit Schutzumschlag, 240 Seiten
ISBN 978-3-85179-047-4

www.thiele-verlag.com

ISBN 978-3-85179-060-3

Alle Rechte vorbehalten

4. Auflage 2010

© 2008 Angela Troni
© 2008 Thiele Verlag in der
Thiele & Brandstätter Verlag GmbH,
München und Wien

Covergestaltung: Christina Krutz, Riedstadt
Layout und Satz: Christine Paxmann text • konzept • grafik,
München
Druck und Bindung: Grasl Druck & Neue Medien, Bad Vöslau

www.thiele-verlag.com